这是一个无神论者和一个有神论者的对话
这是一个科学家和一个布道家的对话
这是一个东方人和一个西方人的对话

江边对话

—— 一位无神论者和一位基督徒的友好交流

[中] 赵启正　　　[美] 路易·帕罗

新世界出版社

鸣　谢

由于本书的特殊题材，并且有中英文版同时出版，其翻译、双方的沟通及出版的事务是极其复杂的。它得到了中美双方许多人士的大力协助。我们要感谢林戊荪先生和他的夫人张庆年女士，他们曾反复观看谈话的录像带，对中英文本的翻译和核校，准确完美地传达出了两位作者的讲话风格，这是殊为难得的；感谢张洪斌先生，他是现场的中方翻译，并负责此后双方的通信联系；感谢姚俊梅博士，她将原来7万多字的记录整理成了如今简洁的文体；感谢中国社会科学院宗教研究所所长卓新平、上海市社会科学院宗教研究所所长晏可佳，他们在本书宗教术语的准确度方面给予了指导；感谢吴伟女士，她负责了与美方有关出版事务的商榷；感谢杰·福迪斯先生为英文版所做的编辑工作；感谢鲍勃·阿诺德先生所做的宝贵的联络工作；感谢罗伯·塔克先生、大卫·赖特先生及ZDL所有人员的辛勤工作；感谢恩诺克·王的见解；感谢吉姆·比斯纽斯和简·比斯纽斯夫妇款待来自中国的朋友；感谢多位摄影师，其中上海的陈石麟先生和美国的布拉德·佩森先生提供了现场照片，刘永鑫先生提供了不少珍贵的历史照片；感谢中国国务院新闻办公室和上海市新闻办公室为会务提供了出色的安排。

感谢国际译联副主席、中国译协副会长兼秘书长黄友义先生对本书的热情关注及对中英文版的审定。

感谢崔保罗先生的现场翻译，还有赖声汉先生，他也在中美双方的联络上不辞辛劳。

最后我们不能忘记这一对话的促成者——中国国际友好联络会的陈祖明先生和石磊先生。

赵启正

路易·帕罗

序 一

赵启正

我从来没有预想过我是这样主题的一本书的作者之一，没有第一次与帕罗博士真诚而又投机的谈话，也就没有他与我合作出版此书的倡议。

在与帕罗博士这三次谈话之前，我只知道我是中国众多不信神者之一，我和我的家人、同事及朋友在宗教观上没有什么不同。

帕罗博士是神学家，是美国的一位宗教领袖，他学识渊博，坦诚热情。我很尊重他。和他对话的无神论者，应当有与宗教相关的丰富的理论素养，应当是一位哲学家，而我只是学过哲学课，在20多年的科研活动和20多年的公务员工作中常有朴素的哲学思考而已。因此，我在与帕罗博士长达8小时的对话中，只直率地表达了我对宗教、特别是对上帝的认识，我没有引用神学的术语，因为我没有任何神学的素养。

在对话中，我引用了中国的一个古典故事——"濠梁对话"说，帕罗博士也许难于体验无神论者（或不信神者）的心情。其实同样地，我也难于体验有神论者（或信神者）的心情。通过对话，我多少改变了不同文化背景的人难以沟通的顾虑，只要有沟通之心，就能达到较深入的沟通，决不会像"濠梁对话"中的两位智者和鱼之间那样，永远不能沟通。

本书出版之前，我又读了全文。我发现，我和帕罗博士对上帝的存在的思路正好相反。他认为，验证上帝存在的实验室就在人们心中，心中认定了上帝的存在，便能与上帝沟通。我则认为，这个实验室在人们的心外，验证了上帝的存在，才能与上帝沟通。这是我们有些重要见解存在分歧的原因。

我不指望读者能赞同本书的多少观点，但我希望读者能赞同我们两人对话的态度。我知道，在不同国家和地区对有神论者和无神论者这两个名词往往会"另眼看待"。我和帕罗博士克服了这两个词本不应有的"贬损"的意义造成的障碍，使本容易尖锐对立的话题变得双向流畅。

我们都喜欢的一个词是"和谐"，从人际交往中两人的和谐开始，谁能说就不会对国家间、民族间、不同信仰的人群间的和谐有益呢？我们的这一共同点能够让我们超越多个分歧点或误解，这就是本书所表达的信念。■

序　二

路易·帕罗

我从小生活在阿根廷，在我还是一个小男孩的时候，就曾听到过很多关于中国的神奇故事，这个国家的人民、历史和文化一直都让我魂牵梦绕。我热爱中国，我盼望这个伟大的国家和她的人民接受最美好的祝福。如今，与一位优秀的中国高级官员赵启正先生的相识与了解，更加深了我对中国的热爱和崇敬之情。

我由衷地相信上帝爱中国，我相信上帝对中国怀有美好的心意，就是让这个国家和她的人民接受他的爱的祝福。

正是为了这个原因，我非常荣幸地接受了赵启正先生的邀请来到中国，同时，能够与和蔼可亲、令人尊敬的赵启正先生成为朋友，我深感荣幸。我和赵启正先生在去年曾经有过三次对话。我们在对话中坦诚地探讨了彼此的信仰，也谈到我们对双方不同文化的理解和误会。这使我受益良多。我相信，对话让我们双方对彼此的信仰都有了新的了解。

正如赵启正先生在谈话中论述的，我们对于上帝、今世和永恒的看法在很多方面都迥然不同。但我们也表明，这些分歧并没有妨碍我们成为真正的朋友，彼此相互尊重。作为一个传扬耶稣基督福音的使者，我毫无保留地相信《圣经》，相信《圣经》就是神的道，相信它和我们的生命息息相关，并具有改变生命的大能。

向世界传扬耶稣基督和他的教导，带给世人他赐下的永生礼物，是我的责任，也是我的无上殊荣。我愿持守这一来自上帝的呼召。我相信耶稣基督可以为世上每一个国家、每一个世人提供生命的自由、不竭的能量和永远的满足。

作为一位卓有成就、受人尊敬的科学家，赵启正先生是依据逻辑、事实、规则和已被证实的结论来对事物进行衡量和判断的。这让我们双方的对话生动、坦诚、发人深思。我们自由地运用我们所专长的知识和见解，来更好地理解我们的世界和我们存在的本因。愿所有的读者在读到这个对话集的时候，也一同和我们分享这些思想的闪光。

我希望随着对话的进一步深入，我们将在两个社会之间架起一座沟通的桥梁。愿我们这种坦诚公开的对话能够帮助人们更加明白真理，并让我们在深刻的分歧之上，仍能彼此尊重，彼此相爱，建立诚挚的友谊。

感谢你让我来到你的面前，向你表明我的心意。过去70年来，我一直在为中国恒切地祷告，今天我真的来到这个国家，并在这里结识了新的朋友，对此我深为感恩。我热爱中国。■

目 录　　　Contents

2005 年 11 月 17 日，赵启正与帕罗在会谈后的新闻发布会上

　　我们俩都是很纯的两种文化的宠儿。我们打破了意识形态的隔膜，交流对广泛的领域的各种不同看法，也启动了我对我原来较为生疏的问题的思考。帕罗先生说他爱中国，令我感动，我们的坦诚使不同的信仰不能成为我们的障碍，不同的语言不能成为我们的障碍，不同的教育背景不能成为我们的障碍，我们都愿意为地球的和谐作出自己的贡献。

——赵启正

　　我到过100多个国家演讲，和许多高层人士有过谈话，但和赵部长这样有智慧的思想家、哲学家的谈话是一种难得的享受。赵部长的谈话促使我思考过去三十年当中我从来没有想过的一些问题。我想，美国人在读了我们的这个对话集以后，会进一步加深他们对中国的了解，更好地了解中国人追求知识的热情，更好地了解中国这些年来发生的巨大变化。

——帕罗

赵启正与帕罗于会谈后合影

赵启正与帕罗第一次对话

2005 年 5 月 20 日，北京。
中国国务院新闻办公室外宾接待室。

2005年，赵启正在北京《财富》论坛上发言

帕罗（以下简称帕）：赵先生，最近各大媒体都在报道您，您正在主办《财富》全球论坛①，您成了报纸新闻的头条人物，所以我在报纸上和电视上多次看到您。我知道您很忙，您能接待我，我感到非常高兴。我打电话对夫人说，我就要见到电视里的这位赵先生了。我夫人对我说：为什么不带我去？我也想见见赵先生。

赵启正（以下简称赵）：好啊，欢迎她来中国。很可惜，今

---

① 2005 北京《财富》论坛是美国时代华纳公司主办的，赵启正先生是中国方面协办的负责人。参加这次论坛的是一些世界 500 强企业的领导人，中国领导人胡锦涛主席、温家宝总理及中国的一些部长和企业家出席了论坛。

赵启正接受中外记者采访

天没请电视台的朋友来，不然，您夫人就可以看到我们的会面了。

帕：是啊，我很后悔没有带夫人来。今天的会面若是能做成电视节目就好了。

赵：我认识两位美国宗教界的朋友，美国基督教三一广播公司总裁保罗·克劳奇（Paul Crouch）先生和美国基督教广播网主席罗伯逊（Marion Gordon "Pat" Robertson）先生。

帕：他们两位也是我的朋友。克劳奇先生向您问好，他说曾赠送您一本《圣经》。

赵：那本《圣经》我还保存着。我是无神论者，但我读过《圣经》。我觉得《圣经》中的英文写得很美，因此我把《圣经》当英文标准读本来学英文。

帕：当英文读本的话，那要看您读的是哪一个版本。

赵：请我同事到我的办公室把我那本《圣经》取来，请您

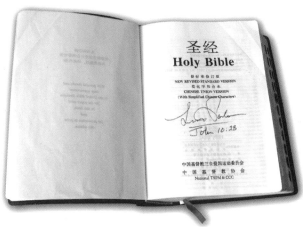

帕罗先生认可的《圣经》版本，上面有他的亲笔签名

看看。（有人很快取来了那本《圣经》）好，您看，就是这本。

　　帕：这个版本非常好，可以当英文教材。

　　赵：那好，那就请您给我签个字吧，表示您认可这个英文版本是最好的。

[第一部分]
关于《圣经》与上帝

无神论者说，《圣经》是基督教的经典，教义的依据。《圣经》还是一部历史书、文学书，也是一部宗教的哲学书。我读《圣经》，但我不是信徒。

基督徒说，《圣经》是上帝对人完全的启示，人从中可以在灵性方面获益。人们如果不能理解上帝，就需要耶稣帮助人们和上帝沟通。

纽约圣帕特里克大教堂内的彩色玻璃

帕：您是一个无神论者，为什么您有兴趣研读《圣经》呢？

赵：我到国外，所住的每一个饭店都有《圣经》，我就翻阅了。《圣经》是全世界印刷最多的书，这样大的印刷量从某种意义上说明它是重要的。在中国，中文版《圣经》的总印刷量已达到4000万册，尽管中国人口众多，这也是个很惊人的数字。事实上，中国翻译出版的有关宗教的作品非常多，有成百上千种，您去中国任何一个大一点儿的书店都可以看到。在南京，还有一个专门印刷《圣经》的工厂。

帕：的确，我在书店里看到许多宗教书籍，克劳奇的著作也在其中，我在中关村书店就看到了。我也曾经去拜访过南京那个印刷《圣经》的公司。他们的印刷数量和质量给我留下的印象非常深刻。

您读过《圣经》，我想请问您对《圣经》中什么印象最深刻呢？

赵：我是从事核物理研究出身的。物理学中牛顿定律很简明，只有三条。《圣经》太繁杂了，《圣经》也应该像牛顿定律那样，可以归纳出几条基本的东西。但《圣经》归纳出三条不够，我看有四条。一是上帝无时不在，无所不在，是全知的，是全善的，是全能的；二是人是有原罪的，所以不能和上帝沟通；三是上帝派耶稣来和人沟通；四是人不要企图主导自己，要靠耶稣和《圣经》来主导自己。

帕：您对《圣经》要点的概括实在是太完美了，我这个布道者也无法表达得这么完美、这么准确。您说的比我布道时说的还好，我说不了这么简练。当然，基督教信仰还有许多其他内容，但您提及了更为重要的观点。我看您都可以布道了，所以我不能对您布道。（众笑）

赵：简明是一种美！牛顿定律就是一种简明的美。牛顿定

帕罗在南京爱德基金会参观

律、爱因斯坦的公式是简单的，但推论却是丰富多彩的。

即便是从非神学的意义上来看待它，《圣经》也的确是一本重要的书，我觉得是可以从多个角度来理解它的。

帕：我希望从您对《圣经》非神学角度的分析，学习到这方面的知识。

赵：我想，《圣经》是基督教的经典，教义的依据。《圣经》还是一部历史书，它记录了当时中东地区很多民族的生活、思想和期望。它不仅包括了希伯来人，也包括了该地区的埃及人、迦南人和巴比伦人的历史。《圣经》不是一个人的创作，早在《圣经》成文之前就有1300多年代代相传的历史了，可以说它也是很多人智慧的结晶。书中提到的都是当时的生活方式。比如说，它没有提到茶叶，因为当时茶叶还没有传到那里；它没有提到吸烟，因为当时还没有吸烟这样的坏习惯。

帕：虽然《圣经》没有提到茶，但是谢谢你们中国人让我们享受到这么美好的茶。

赵：《圣经》也有很多哲学思想，说明当时人们的哲学，特别是宗教哲学已经达到了一定程度。人是从哪里来的？宇宙是从哪里来的？以当时人的智慧对这些终极关切①作了很多的演绎。

《圣经》还是一本文学书。它综合了希伯来文化、罗马文化和希腊文化。它有优美的文字，包括散文、箴言和诗歌等。它还对当时和以后人们的生活有许多伦理的规范作用。从这几个意义上来说，《圣经》就值得一读。

帕：您对《圣经》的内容掌握得如此之好，我感到非常惊讶。您通过《圣经》的作者来看《圣经》，对它有了很好的了解。

---

① 终极关切（ultimate concern），又译为终极关怀，是人们对事物的最初起因、最终结果或对事物的本质的探求。如宇宙、人类和生命最初由何而来，最后如何终结。一些神学家认为，终极关切与宗教信仰有关。

古老的北京城

　　我也相信，您在读它的时候会发现，《圣经》还有一些很重要的意义。

　　对我们来说，《圣经》是上帝对人完全的启示。《圣经》谈到上帝创造世界，以及世界上所有美好的事物。当上帝创造世界的时候，上帝通过自己的境界向我们显现他的美好。当我们看见上帝的创造的时候，就看见了上帝的大能，上帝的美善，以及上帝的创意。上帝也在享受他所创造的东西。当读《圣经》的时候，就会发现我们在灵性方面获益。

另一方面,《圣经》中的上帝其实就是耶稣基督个人。在《圣经·新约》的《哥罗西书》里讲到，耶稣基督就是上帝自己的形象表达。当科学家想要看见实在的、能表达的东西的时候，《圣经》告诉我们说：您看耶稣，耶稣就很实在地把上帝的容貌彰显出来了。这也就是我们所说的"逐步启示"，从物质的创造开始，还要看到上帝创造了天地，创造了人，提供了书本启示，即《圣经》，最后耶稣还实实在在地把上帝的存在表达出来。对人来说，这是一个渐进的认识过程，人需要一步一步地了解上帝和他的创造。

　　无论对科学家，还是对我们认识上帝的人来说，《圣经》从来没有同科学发现有过冲突。很多信上帝的科学家说，在研究《圣经》的时候，发现《圣经》没有前后矛盾的理论。所以，虽然您提到《圣经》由不同的作者把这本书集合起来，但是，上帝是通过他的能力来掌管每一个作者的心思的。上帝把要表达的意思，通过不同的作者表达出来了。这是有深刻逻辑性的。因为，上帝是一个跟我们个人发生关系的上帝，所以，我们相信上帝创造了我们，以便人们可以同他进行联系。因为上帝是看不见的，所以上帝必须用某种方法把自己显现给我们。于是，上帝渐渐地表达自己。所以，一位科学家如果他真正成为上帝的信徒，那将是一件令人十分兴奋的事。比如，现在越来越多的大学正在讨论"智慧设计论"①和宇宙大爆炸理论②。《圣经》的《创世记》第一段说：上帝创造天地。这就好像发生一次大爆炸。

《圣经》最高的启示就是耶稣基督的受难和他的复活。其实在上帝和人之间有一道鸿沟，必须要有一个桥梁，这个桥梁就是耶稣基督。所以，当您看《圣经》的时候，其实您已经很准确地了解《圣经》的信息了。

赵：您说写《圣经》是受到上帝的启示，而我的理解和您

---

① 智慧设计论 (Intelligent Design) 认为物种进化的根本原因不是自然选择，而是由智慧设计产生。它是一种与达尔文解释生命起源完全不同的观点，与传统的神创论相比，它是一种更隐晦的认为自然中有上帝印记的理论。

② 宇宙大爆炸理论 (Big Bang) 是俄裔美国科学家伽莫夫在1948年提出来的。该理论认为，宇宙开始是个高温致密的火球，它不断地向各个方向迅速膨胀。当温度和密度降低到一定程度，宇宙发生剧烈的核聚变反应。随着温度和密度的降低，宇宙早期存在的微小涨落在引力作用下不断增大，最后逐渐形成今天宇宙中的各种天体。

有些区别。在我看来，每个作者在写《圣经》的时候，他们确实希望有一个上帝存在。因为心中有了上帝，他会得到很大的安慰和感到鼓舞，这样可以解决他人生中遇到的很多困难，同时可以回答他的很多终极关切。和几千年以前混乱的许多原始宗教如巫教相比，这是很大的进步。那时没有《圣经》，也没有其他宗教经典，只有巫师在特殊的情况下进行"表演"。

　　帕：您和我共同分享彼此的观点，实在是很有意思。您所讲的都是真实的。根据《圣经》，我相信两方面都有事实存在。《圣经》的作者们提到，他们自己心里有一个上帝的观念。《圣经》里的彼得曾经写过，有这样的感动要写，但是圣灵也感动他去写。《新约》的《希伯来书》里曾经讲到：上帝多次用不同的方法向人晓谕他的启示。所以，我们看到，在历史上如果人在心里有对上帝的向往和渴望，上帝就向他显现他自己。这种上帝对人的启示和显现，对中国人、美国人或者阿根廷人都是一样的。

您记得葛培里博士①吗？他大概 15 年前访问过中国，在上海和北京的教堂里进行过演讲。他在教堂里演讲的时候，讲到耶稣基督的受难以及怎么复活。葛培里的妻子生在中国，她的父亲——葛培里的岳父，在中国当医生。葛培里知道我这次来中国，还为我祷告。

　　葛培里演讲完了之后，有一位可能是从农村来的老先生，他上前来找葛培里。他通过翻译说："刚才您讲到为我们死在十字架上的那个人叫什么名字？"葛培里博士告诉他说："他的名字叫耶稣。"那个老人家于是说："其实我心里一直相信有这样的上帝，只是我不知道他的名字而已。"他的意思是说，心里面一直有上帝的观念，只是他不知道具体的内容和细节而已。

　　赵：您说的老农的故事很生动。在世界上，相信像这位老农这样的人也有很多，这就是宗教存在的理由。

---

　　① 葛培里（Billy Graham），美国著名的福音布道家。1918 年出生于美国北卡罗来纳州一个长老会家庭。1940 年毕业于佛罗里达圣经学院，继而进入伊利诺州的惠顿大学读人类学。1943 年取得文学士学位。1950 年成立葛培里布道协会。曾多次访华。

我看《圣经》，但我不是信徒。为什么？因为我不能理解上帝。从我的经验看，我很难理解《圣经》上说的：上帝是全善的，超形态的，这是说上帝是超越我们感观和经验的存在，所以我不能理解。我只能理解实在的，我不知道上帝说英文、法文还是西班牙文，我也不知道他的形态如何，所以我不能理解上帝这样形而上的概念。

帕：正因如此，才需要耶稣帮助人们沟通。

赵：我跟您谈话要小心了，您要把我沟通到上帝那儿去了。

[第二部分]
关于《创世记》

无神论者说，我不能理解《创世记》，比如关于光的说法，我认为光的产生是一种物理现象，并且相信上帝不会把事情规定得那么复杂，让光具有波粒二象性。

基督徒说，上帝就是光。如果您相信这一点，您就会成为一个最有权威向科学界解释"上帝就是光"这个道理的人了。

西斯廷教堂壁画

江边对话

1994 年 1 月 18 日，赵启正陪同美国前总统
乔治·布什参观上海浦东陆家嘴金融贸易区

　　帕：我知道您曾经在上海负责浦东的开发，取得了很多成就。浦东是举世瞩目的成就。

　　赵：说到浦东，我想起了在浦东的一个新建的教堂，您知道吗？那座教堂并不算雄伟，但很精致。在浦东建教堂，主要是考虑到在上海浦东居住的外国人越来越多，可以满足他们的需要。不过，也考虑到本土人们的需要，所以还重建了一个道观和一个清真寺。

　　帕：是吗？我下周去上海，一定到浦东去看看那个教堂①。

　　赵：这次时间来不及了，下次若有机会，我们可以一起去。

---

　　① 帕罗先生与赵启正先生在上海进行第二次对话期间，于 2005 年 11 月 16 日下午一同观看了那座基督教堂和道观。

帕：我最近看了爱因斯坦关于宗教的一个讲话。爱因斯坦说：“我想知道上帝的想法，其余都是细节。”他还曾经说过：“没有宗教的科学是瘸子，没有科学的宗教是瞎子。”

赵：他不仅是一位伟大的物理学家，也是一位思想家。

其实，无神论者对于《圣经》中很多故事的意义也是能够理解的。我认为，最大的冲突还是在《创世记》。

《创世记》不只《圣经》有，很多国家或民族都有。中国也有自己的《创世记》。我告诉您一个中国的神话传说：远古的时候，天和地是不分的，是个混沌的世界。有一个叫盘古氏的人，他用了一万八千年把天和地分开，而不是用了六天。又用了一万八千年创造出人和各种生物。中国还有另外一个创造人的故事：传说中，一位叫女娲的神用泥土创造了人。这都是我们祖先试图回答“人和宇宙是从哪里来的”。

帕：一个有趣的发现就是，不同的《创世记》故事都有共同点。其实，在《圣经》的《创世记》的第二段里，也有“天地的分开”，“人从泥土造成”也在其中。我不知道是不是因为这个原因，中国人好像特别有灵感，能够理解《圣经》的要义。因为这个缘故，现在越来越多的中国人相信上帝了。

西斯廷教堂天顶画（局部）

赵：中国人也不完全相同，世界观也有区别。我想说，我对《创世记》理解上有困难。比如，"上帝说要有光，就有了光"。然后又说，分开白天和黑夜，但是之后才创造太阳。我总觉得，如果存在上帝，他应该先创造太阳，然后再分开白天和黑夜。

帕：《圣经》中有一个讲法，就是"上帝本身就是光"，在他那里毫无黑暗。其实，当《圣经》讲到"上帝就是光"时，其中就有道德、伦理的含义。讲到光的意思，就是上帝是圣洁的，完美无缺的。其实，上帝创造太阳，就是要通过太阳给宇宙上的一些星球发光，而不是给整个宇宙发光。所以，是先有光的。上帝自己就是光，然后才有太阳发出光。我不是科学家，我是神学家。一些科学家的朋友告诉我说，就算我们所认识的太阳不发光，其实这个宇宙也还是有光的。我可以找到一些科学家这方面的观点。我想对这样的观念，您本身作为一个科学家会很有兴趣的。

赵：我不能理解《创世记》关于光的说法。我相信光的产生是一种物理现象。

光是怎么来的？人类的祖先认为这是一个重要的问题，非常好奇和需要答案。在柏拉图时代，古希腊人说，光是人的眼睛流出来的，所以眼睛看到哪里，光也就到哪里。后来柏拉图说，物体也发光。光到底是什么？他们不能回答。到了18世纪，牛顿说，光是粒子流。树的后面有阴影，是因为粒子被树挡住了。

另一个和牛顿同时代的科学家惠更斯①说，不对，光是波，

---

① 惠更斯 (Christiaan Huygens, 1629～1695)，荷兰物理学家、天文学家、数学家。他对力学的发展和光学的研究都有杰出的贡献，在数学和天文学方面也有卓越的成就，是近代自然科学的一位重要开拓者。他建立向心力定律，提出动量守恒原理，改进了计时器。

就像无线电波和水波。实验证明光可以拐弯（diffraction）。两个人的观点矛盾了。可能由于牛顿的威望大，所以多数人同意牛顿的说法。后来，爱因斯坦说，光应该称做光量子，光有波动性和粒子性双重属性。我认为，上帝不会把事情规定得那么复杂，让光具有波粒二象性。科学家还发现电子在原子的电子壳层间跃迁产生了光。这么复杂的认识过程，上帝说来就很简单，"要有光，就有了光"。上帝一句话就解决了！不过上帝是先于他们两千年说的。

帕：可能上帝有意没有很清楚地讲明。上帝是让我们的科学家慢慢去揣摩其中的意义。

赵：您把科学家和上帝的矛盾给调和了。

帕：每一个严肃地从事科学研究的人，都千方百计去了解宇宙中的科学定律，去探索我们与所相信的上帝的关系到底在哪里。现在，我希望把我们在这方面开始的探讨，转到伦理道德方面去。

上帝就是光。光的意义对中国人也是非常必要的。耶稣这样说："我是世界的光，跟从我的，就不在黑暗里走，必要得着生命的光。"耶稣也有另外一个讲法：人其实不爱光，反爱黑暗。因为人性里有黑暗的地方。所以耶稣也提到，光跟阴影、黑暗这两方面的关系。但是，这是一个灵性上的应用。所以，您作为一个科学家，如果您相信这一点，您就会成为一个最有权威向知识界解释这个道理的人了。

赵：我从事了二十多年的科学研究，我的唯物主义观点已成习惯。但是，这不但不影响我对人们宗教信仰的尊重，反而促使我想去了解宗教及其存在的意义。我非常愿意知道您——一位有造诣的神学家的观点，您的观点有助于我了解有神论和无神论之间的差异在哪里。您可能知道一个人，叫迈克斯·缪勒①。他说过一句话，"He Who Knows one Knows None"（只知其一，等于一无所知）。如果我只知道无神论，您只知道有神论，那就是只知道"One"。

帕：我知道他。他是研究宗教比较的，写过很多关于宗教比较方面的书。

---

① 迈克斯·缪勒（Max Muller，1823～1900），德国语言学家、比较宗教学家。由于缪勒开创了西方比较宗教学研究，特别是用梵语来研究印度和印度佛教的历史，对西方研究佛教作出了重要贡献，被人尊称为"西方印度学之父"。主编有《东方圣书》等。

[第三部分]
关于宗教与精神

基督徒说，我发现无神论者在心灵深处都有

一种无名的孤单感，好像有一种失去永恒

的平安和心灵上平静的感觉，那是因为他们不懂

得怎样跟上帝沟通。

无神论者说，任何文化都有它独特的精神和

灵魂贯穿其中，任何主义都有它的核心信仰，任何

社会也有它的核心价值观念，这样的现实可以表

明，无神论者的精神世界和信仰与有神

论者的精神世界和信仰都是丰富的和执著的。

　　帕：一个无神论者，很多时候会很孤独。我有机会跟不同的无神论者接触，无论是西方的，还是东方的，我发现他们在心灵深处都有一种无名的孤单感，好像有一种失去永恒的平安和心灵上平静的感觉。这是因为他们不认识造物主，不懂得怎样跟上帝沟通。法国哲学家萨特曾经说："人是很孤单的，人在自己的命运中被抛弃了。"其实他是在形容无神论者的一种状态。但是，如果一个人能够认识造物主，他就有了一个参照点，从那儿出发，去了解人的命运。然后，又有了目标感、前进感，那就是"我到底在这里干什么"。之后，有一个终极的观念和终极感：将来我要去哪里？

　　赵：我想起中国历史上一个真实的故事。在两千年以前，

南宋 李唐 《濠梁秋水图》（天津博物馆藏）

中国有两个智者，一个叫庄子，一个叫惠子。他们在一条叫"濠梁"①的河边散步，看到鱼在河里游，两人有一段问答。庄子说："您看，鱼在水中多么快乐！"惠子说："您不是鱼，您怎么知道鱼快乐？"庄子回答："您不是我，您怎么知道我不知道鱼是快乐的？"那么，您不是无神论者，您怎么知道无神论者是孤独的呢？

帕：我是从一些无神论者的演讲和作品中知道的。我透过他们的演讲和作品，看见和听见了他们心灵里的孤独感。

赵：也就是说，您发现一些写作的和演说的无神论者孤

① 中国古代哲人庄子和惠子的这段对话很著名，人们称之为"濠梁之辩"或称"河边对话"。本书的书名《江边对话》也包含了类似的含义。

独，而不是所有的无神论者都是孤独的。

我知道，人在孤独的时候希望得到帮助。我想，基督徒会想到上帝和他在一起，这会让他们感到比较安全，比较容易得到安慰，治疗孤独。但是，我理解有神论者和您理解无神论者的困难是类似的，这个差异，比两种语言系统带来的两种思维方式的差异可能更大。而我们的对话，正是弥补原来的不理解，使它变成逐渐的理解。这种不理解，不仅是宗教的，也包括文化的。在西方，宗教和文化更是密不可分。

帕：您讲的话，有些地方很正确。当我讲到无神论者心灵里的孤单，并不是说在人生的每一方面都那么孤单。很多时候，无神论者比有神论者对智慧有更多的研究和了解。所以，很多无神论者在学术研究和智慧方面都得到了很大的满足。我所说的那种孤单和空虚感，是指灵性上的。刚才我们休息的时候，您给我一个很好的教导。您父亲曾教导您说，每一天比别人多读一个小时的书，十年之后可能就成为别人的老师了。人可以从钓鱼中得到快乐。一条鱼在知识和智慧之水中游，也可以游得很快乐。但是，它发现自己像在旱地里那样孤单，因为它的灵魂没有寄托。这样讲，您有没有不同意见？

赵：我不能回答鱼是不是有快乐的感觉。我知道它是一个低等动物，不会有人那么丰富的感情，我猜想是这样的。

帕：当然。在水里面，当然它不能读书了。

赵：甚至我不知道，鱼睡觉的时候，是横过来还是侧过来的？

帕：我从来没有过这样的想法。

赵：我女儿在小时候问我："鱼睡觉吗？"我回答："不知道。"

帕：我也没有办法回答这个问题。

赵：您刚才的意思是说，人如果没有宗教信仰，灵魂就没有寄托，因而无神论者的灵魂是孤独的。宗教是一种文化现象，事实上，一个人不信仰宗教，并不代表他缺少文化，同样，一个人不信仰宗教，也不等于没有信仰，何况，宗教信徒并非都快乐，无神论者未必皆孤独。古今中外的众多无神论者，虽然他们没有和上帝沟通，但并没有证据说明他们在灵性方面都是孤独的。比如，孔子可以说是无神论者，他的思想和精神对中

孔子（公元前551～公元前479）　　　苏格拉底（公元前470～公元前399）

国乃至世界的影响都是深远的，他一生生活困苦，但当他和他
的学生们在一起时充满了激情。

帕：希望您能更多地提到孔夫子。孔夫子关于天和地的观
念是怎样的？

赵：孔夫子并没有提出关于天的准确的概念。他提到人的
命运和天的关系。他曾经说：吾十有五而志于学，三十而立，四
十而不惑，五十而知天命，六十而耳顺，七十而从心所欲不逾
矩。"知天命"的天，不是天堂的意思，是说能清楚地知道自己
的命运及命运的规律。他的学生向他请教关于"死"的问题，孔
子回答说："未知生，焉知死？"孔夫子和苏格拉底大体是同一

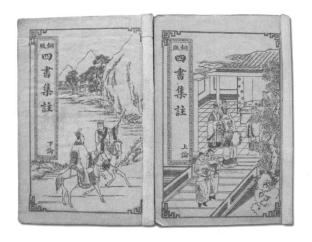
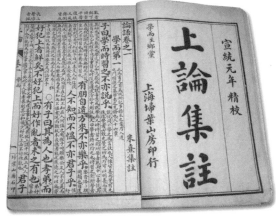

《论语》书影及内文

时期的人。但是，在中国，古代哲人的言论成为中国传统的一种哲学，在全国传播。这种传播的哲学，是指和伦理接近的部分，并不是全部哲学。哲学的许多内涵是比较深的，普及较难。这也解释了，为什么几千年以来宗教在中国不流行。古代中国哲人的学说，也在很大程度上促使中国人几千年来一起生活在这片土地上，而没有像欧洲或中东那样形成许多较小的国家。

帕：这也许是一个合理的讲法，但能不能说中国文化没有回答那些终极关怀的问题？

赵：中国有自己的回答方式。中国传统哲学的大部分是入世的，他们最关切的是今世的问题，也就是较现实的，但他们同样进行某些超越性的思考，也有"终极关切"。比如他们研究天、地和人的关系。佛教认为人生有轮回。中国的道教，强调人和自然的一致性。如果用现代的观点说，人就是自然循环的一部分。来自大自然，最后回归大自然。中国古代皇帝的安葬，都非常豪华和讲究，往往用一些陶制的猪、羊、马、车、奴仆等一起掩埋，人们觉得他还有阴间的生命。这也是回答终极关切的一种古老的方式。

我发现宗教界的高层人士，或是经过高级神学训练的人，言谈的逻辑性都很强，这可能是宗教本身讲究哲学的原因。

帕：您知道，因为哲学涉及到人精神上的需求，而宗教关注人的内心，人的灵魂。《圣经》把人分为三个部分：人的身体、人的灵魂以及人的精神。因为人的身体是人的物理存在，那么，不信教的人认为身体就是一切，但对于我们信教的人来讲，还有精神，还有灵魂的存在。

很多情况下，人们更多地关心人的身体和灵魂的存在，而忽略了人的精神的存在。所以，哲学更多地关心精神上、情感上和智力上的。正是由于人们精神层面相关的需求，让您去接

国学课走进小学课堂

近和了解上帝。

圣保罗曾经说过,除非我们把心灵向上帝敞开,否则,在精神上来界定我们,我们是死人。所以,宗教更关心人的终极追求 (ultimate concern)① ,哲学关注精神层面的追求。

赵:Ultimate concern 以往常常译成"终极关怀",近来译成"终极关切"就比较准确了。

我解释一下无神论者关于灵魂和精神的观点,供您比较。

无神论者并不认为没有灵魂和精神,只不过无神论者对灵

---

① 此处翻译有误,当时帕罗先生并未提及"终极追求"。

魂和精神的看法和您解释的有相同的地方，也有不同的地方。无神论者和有神论者同样有着灵魂和精神方面的强烈追求，这一点，并不因为无神论者心中没有上帝而减弱。您一定了解，任何文化都有它独特的精神和灵魂贯穿其中，任何主义都有它的核心信仰，任何社会也有它的核心价值观念，这样的现实可以表明，无神论者的精神世界和信仰与有神论者的精神世界和信仰都是丰富的和执著的，只不过二者相交，有交集，也有余集，有共同之处，也有不同之处，因而我们需要沟通，需要了解各自可能不太了解的那部分。中国哲学很大程度上也可以说是关于物质与精神关系的学说，唯物主义者并不是否认精神的存在，而正是强调物质和精神的关系是辩证的。在中国，物质文明和精神文明的建设从来都是同等重要的。中国人认为，如果只有物理的、身体的存在，而没有灵魂和精神的话，那无异于一头牛、一只羊、一条鱼。

另外，从哲学上说，要分清两个概念，一个是religion(宗教)，一个是religiosity(宗教性)。宗教有很具体的教义、教规、仪式、教堂、信仰者身份和神职人员等。而"宗教性"在许多中国人看来，与之相近而又不同，是信仰，如一个人信奉儒学，

2006年4月5日，河南郑州市十一中100余名年满15岁的中学生，身着汉服，在文庙行"成童礼"

1997年，帕罗和他的儿子安德鲁与美国总统克林顿在一起

他可能不是某个宗教信徒，但他不是没有信仰。

　　帕：刚才您提到了宗教和宗教性的区别，我常说基督教不是宗教，因为宗教是人们努力找到上帝，找到终极目的。那么，当我们谈到基督教的时候，实际上是谈基督和世人建立某种关系，而不是建立某种宗教。

　　赵：我还要对您的话作一个呼应。宗教不是上帝设计的，是人们设计的，人们以此来接近他们心中的上帝。

　　帕：没错。

　　赵：中国的孔孟之道，也有人称为儒教或孔子教，但实际上它是哲理和精神，而不是一种宗教。它和宗教比起来，没有创世学说，没有宗教礼规。虽然有纪念孔夫子的活动，但它不是宗教性质。或者说他的语录也可以和教条相比，其中流传最广的是他的关于和人们相处的哲学。和欧洲的哲学不同，它更倾向入世的。欧洲的哲学有大部分是思考事物规律的，而孔夫子更多地思考人群规律。

所以中国的哲学更接近灵魂和精神，更有灵活性，它和欧洲的哲学有互补性。

帕：我来亚洲之前，也研读了儒教的一些教义，同时也拿它和基督教作比较。正像您刚才提到的，在儒教里没有基督教里的创世说。尤其是儒教的精华涉及到人生处事的态度、道德以及怎么样处理人际关系。我想，这是它的精髓所在。

实际上，西方、欧洲在过去这250多年来更重视发展物质文明，而忽视终极追求。那么，耶稣给我们带来的是关于人的终极的生活，就是作为物质的人死了之后，人的灵魂和精神仍然存在，这是他给我们带来的关于人的终极目标和教育。

赵：这当然是给活着的人最大的安慰，相信这一点的人对死亡就不那么恐惧了。

帕：同时，人们对人生之短暂的失望也小多了。所以，像

在北京国际戏剧演出季上献艺
的各国演员们

由中国残疾人艺术团表演的
"千手观音"

汽车进入百姓家庭

2005年美国《商业周刊》评选的
中国十大新建筑奇迹之一——
中国国家大剧院

孟子（约公元前372～公元前289）　　圣奥古斯丁（354～430）

圣奥古斯丁[1]、圣保罗和我都在不断地告诉世人：除了现世之外，我们还有一个更终极的世界，而不仅仅是我们活着的这七八十年，我们有一个光辉的未来，我们要为此做好准备。

赵：这样也许就乐观一些。

关于精神方面，我只引用中国孟子的话，他说："生我所欲也，义亦我所欲也，二者不可得兼，舍生而取义者也。"[2]舍生取义，有的时候表现为爱国主义，有的时候表现为为了拯救别人而舍弃自己的生命，这都是符合他的意思的。

奥地利总统托马斯·克莱斯蒂尔不久前去世了。他访问中国时曾跟我讲过一个故事：在奥斯维辛集中营，由于食品不够，德国军官对难民说：一、二，一、二，一、二，凡是"一"站出来，枪毙。有个"一"的人说：我有七个孩子，我希望不

---

　　[1] 圣奥古斯丁（Aurelius Augustinus，354～430），基督教著名神学家，他建立了影响力巨大的"奥古斯丁经典神正论"。

　　[2] 见《孟子·告子上》。

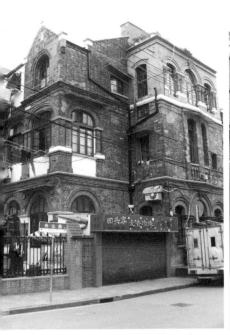

犹太难民当年在上海
虹口的聚集地

犹太难民在上海纪念馆

1995年9月20日，赵启正陪同时任奥地利总统的克莱斯蒂尔参观虹口犹太人故居

1997年9月，赵启正在美国旧金山演讲

被枪毙。一个神父说：我没有孩子，我替您吧。这和孟子的想法是一样的，但神父没有读过《孟子》，可见人类崇高精神中的共同性是普遍存在的。

帕：这个故事很触动我们的心灵，跟《圣经》的故事一样，本来应该我们去死，耶稣却代我们死了，想到这些，我们就不禁要流泪。我们都是来自同一个父母，那就是亚当、夏娃，在我们的基因记忆里，都有共同的东西。在《约翰福音》里提到，你应该为他人的生命献出自己的生命，甚至要为你的敌人祈祷，

帕罗博士在布道

要爱你的敌人。

　　赵：因此，信不同宗教的人，有神论者和无神论者不要相互歧视，要友爱，这样，地球村就比较和谐。我们的最终目标是和谐的社会，和谐的地球，和谐的人类。

　　帕：我一直在使用"和谐社会"这个词，我看到中国的报章中最近使用得非常多。

　　赵：您太了解中国了。本来中国的传统是和谐的，但是从19世纪中叶以后很长的一段时间内，中国不和谐了。因为中国太弱了，一些国家太强了。它们对中国的侵略战争约100年内都没有停过。

世界上许多宗教都是一神论，但中国的佛教、道教不是一神论，它们并不排斥其他宗教，比较宽容。其实，佛教中佛和神也不一样。我不赞成一些极端主义者把无神论者和其他宗教教徒都视为异教徒而对立。这恐怕就不和谐了。

帕：把无神论者和其他宗教教徒都视为异教徒，这是很危险的想法，这样会使人民生活在恐惧之中，太可怕了。上帝对人不能像人控制计算机那样简单，要给人自由，否则，人就成计算机了，不能把人变成机器人。

赵：无神论者相信人是自由的。《圣经》说上帝是万能的，既然上帝是万能的，请您告诉我，为什么上帝不能阻止邪恶和海啸那样的自然灾害呢？

帕：您说的这一点很重要。我们不能因为人的邪恶去责怪上帝给我们自由的愿望，上帝和我们是朋友，邪恶来源于人的内心。关于海啸的问题，我们可以交流看法，可以再想想。但我们在进天堂之前，可能永远也不知道为什么上帝允许海啸发生。也许，上帝是用灾难来唤醒世界，引起人们对自身冷漠的注意。

赵：哦！不过这代价太大了。我找到了奥古斯丁的论文集，他以"神正论"①解释了上帝与邪恶同在的道理，但不如您说得好，您应该写您的神正论。我这里有奥古斯丁著作的中译本，里面有奥古斯丁的画像，如果您喜欢，就送给您。

帕：那也请您给我签名吧！谢谢！

（拿出一本书）这是我最新出的一本书，是关于追求更好的生活，怎么样让人生活得完美的书。

赵：哦，*High Definition Life*，《高精致度的生活》，好。

---

① 神正论，希腊文为 theodicy，由"神"和"正义"两词组合而成。早期奥古斯丁的经典神正论指出：恶是善的缺乏，是上帝出于善的目的改造恶。著名的神正论者还有柏拉图、亚里士多德等。

definition，物理学上更常用resolution。不过，数字化生活是不是让人感到太累了？

帕：确实如此，数字化生活有时让人昏昏欲睡。数字化生活总是需要有人来帮助您。

赵：太多的数字和密码有时记不住，但带来的方便更多。

[第四部分]
关于中国的宗教信仰

基督徒说，虽然现在大城市的土地资源可能已经紧缺了，不大容易建一些大的教堂，但是，在北京还新建了两座很漂亮的教堂。

无神论者说，在中国，基督教徒约有1600万，各种宗教信徒的总人数有1亿多。信教者和不信教者千百年来都能和谐相处。

北京春节庙会

　　帕：国外对中国有多少基督徒存在许多不同看法。在美国，我们听说中国虔诚的基督徒有1.2～1.6亿，不知这个数字是否准确？受到佛教思想影响的中国人占多大的比例呢？

　　赵：在中国，基督教徒约有1600万，还有的可能有信仰，但没有参加宗教活动，这就没办法统计了。中国信仰佛教的人很多，但佛教没有洗礼的程序，所以没办法精确统计。我相信很多中国人受到或深或浅的佛教的影响，比如说，许多人在中国春节的第一天会到佛教的寺庙烧香祈愿。在上海，一个大的寺庙在春节第一天可能会接待5～10万人。他们信佛，但不一

一位外国人在中国的风车前

虔诚的信徒

定自称是佛教徒。大体上可以说，中国各种宗教信徒的总人数有1亿多。我送您的书中有这些数字。信教者和不信教者千百年来都能和谐相处。

帕：他们去佛教寺庙是祭祖，还是其他什么原因呢？

赵：主要是表达愿望。如希望自己的家庭幸福，希望能够发财，也有人对祖先表示敬意，每个人的想法不同。

帕：我到过全世界100多个国家演讲，我能不能告诉我的信众，中国真实的基督教信仰以及其他信仰、其他宗教的真实情况？

赵：当然，我们很高兴您这样做！

帕：我觉得有必要让世界了解，在中国存在宗教信仰的自由。

刚才您提到的基督教信徒以千万计，以及其他的宗教信徒数以亿计。我想对于很多美国人来讲，他们并不知道《圣经》在中国已经印刷出版了4000万册，在书店里都可以买到，而且价格非常低廉。现在，全中国大概分布有10多万个教堂、寺院、清真寺。我得知，在北京还新建了两座很漂亮的教堂①。我还发现，在中国教堂做传播的基督教徒，他们传教的质量也是非常之高的。有必要让世界了解到这些。

我还会见了一些未经注册的宗教人士，他们对中国正在发生的美好事物都充满热情，这给我留下了深刻印象。

赵：百闻不如一见。

---

① 2001年以来，北京市政府出巨资对王府井天主教堂、宣武门天主教堂、崇文门基督教堂、珠市口基督教堂、海淀基督教堂进行了大规模维修。从2003年底开始新建三座基督教堂。

还有另外一个事情，和政治有点靠近了。实际上，美国和欧洲，特别是美国，在中国的政治制度、中国的宗教和新闻等方面，对中国的误解和攻击很多。最后把这些都放在一个篮子里就是人权问题。我想，人权问题，世界各国都不完美，美国和中国也不例外。如果人类的人权都十分完美了，上帝就没有任务了，人类自己就不必努力了。

帕：这点很有意思。没有一个国家能声称自己的人权是完美的，但我们都应朝完美努力。其中有一点我倒要提出来，就是我们不应该把媒体和大众等同起来。美国的大众对媒体也是持批评的态度。有时，媒体带来的是混乱。

赵：制造混乱的消息有利于某些媒体，他们可以多卖报纸，从中获利。

帕：但这样也会给政府带来很多麻烦。

赵：政府和宗教界的领导人不应该受报纸的指挥，因为报纸是总编辑们在小屋子里设计的,他们每天都要设计新的事件。每年的服装流行色，都是人们设计出来的。同样，也有人设计政治"流行色"。不幸的是，有很多政治家屈从于媒体，阿谀媒体，阿谀错误的舆论，有的政治家还利用媒体，这都不符合上帝的意愿。

帕：我完全同意。因为上帝相信真相，而不是谎言。为了扭转目前这种局面，我想和克劳奇以及罗伯逊先生碰个头，商讨一下怎样把中国基督教以及正在发展和变化的情况，正确传达给人们，而不是让那些谎言继续流传下去。

赵：这是非常好的主意。

帕：那么，有没有我能够在西方，尤其是在拉美国家为中国的形象做的事情？

赵：有太多可以做的事情。目前使用中文的人数虽然是世界第一，但使用的国家太少。所以，我们的书籍、报纸、电影在拉美、在美国难以传播，并不单纯是语言翻译问题，更有文化差异问题。同一个内容的东西，要用美国人、拉美人能理解的方式去重写，这对我们来说是比较困难的。

您能够帮助我们做的事情，首先是文化的沟通，在文化沟通的基础上，政治和经济等其他方面就容易沟通了。中国有很

身着苗族服装的信徒们　　　　　　　　　　一位少女手捧苗文版《圣经》

多文化遗产，包括自然的和人类的，非常丰富，不可能指望美国人和拉美人都来中国旅游。我们有很多录像片，并且制作成了DVD，如果交给您，您把它变成当地能欣赏的方式，那就是对我们极大的帮助。当然，您也可以实地拍摄中国各种实际生活和景观。

中国最早的文字出现在五千年前。三千年前，中国的文字就非常充分地发展了，而历朝有历史官这种官职，所以，中国的历史记载得比较清楚。挖掘出来的古墓和地下的古迹与文献记载往往能对应得上，但也由于战争或自然灾害，有些文史资料遗失了，所以挖掘出来的一些古迹有的也不能得到完全的解释。像和玛雅文化类似的中国的三星堆文化，由于没有文字记载和旁证，至今人们不能作出解释。像这样神奇的故事，也是人类共同的财富。我们都拍成了片子，但没有办法介绍到您的故乡拉美和您现在的居住地美国。如果您有兴趣，我可以送您一套。虽然是中文的，也可以大体理解。因为有很多美丽的景象，比您旅游时看到的东西可能还多。

帕：谢谢！您刚才提到了历史。最近我读了一本书，书中提到中国发现了建于公元92年的基督徒古墓。我觉得这则报道很有趣。

现在，无论是在美国、欧洲，还是在拉美，人们对中国的兴趣都非常高涨，您刚才提到的这些关于中国的DVD，如果能把它们翻译成好的英文片子，相信一定能引起西方国家观众的兴趣。

因为我下周要见美国基督教广播网主席罗伯逊，然后，七

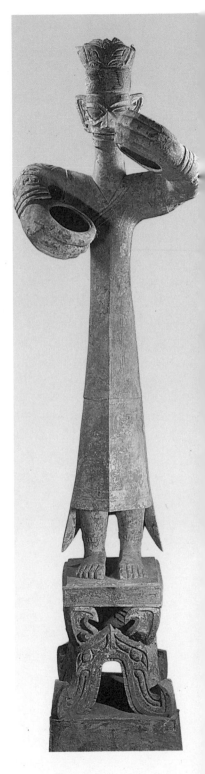

三星堆出土的古蜀人铜立像

月还要见保罗·克劳奇先生，我想和他们进行一个交流，看看怎么样借助他们的相关设施，把这些片子在西方国家加以传播。

赵：非常好。现在送您一套由五洲传播公司出版的DVD。其中有河姆渡、三星堆、秦始皇兵马俑等中国历史遗产。如果您不嫌重的话，我送您每人一套英文版《中国的宗教》。书很重，上帝让您受累，但不是惩罚您，是给您快乐。

帕：啊，我愿意，我肯定会好好通读它们的，谢谢。

我有一个建议，我们能不能把今天谈话的内容整理出来，然后出一本书，把它发表出来？我相信，这会令人非常的振奋。

赵：完全没有问题，好极了！我们还要加一些注

陕西西安出土的兵马俑

解。您注上《圣经》第几页，我注上《论语》、《孟子》第几页。

帕：好极了。这是一个美国人和中国人的一个交流，是面对面的交流，而且是一个深刻的交流。

赵：题目就叫做"一个无神论者和一个有神论者的对话"①。

帕：我喜欢这个标题。

我太高兴了，今天的对话太棒了，太精彩了。

在我很小的时候，我母亲就给我读过很多有关中国的故事。我从很小的时候，就在为中国而祈祷。当时我告诉我母亲说，我要到中国去的话，第一站要去上海。因为我当时读到一个故事，是说英国有个传教士叫泰勒，他非常喜欢中国，他在19世纪的时候到中国建学校、建医院，他当时就是从上海进

---

① 根据帕罗博士后来的建议，此书名改为《江边对话——一位无神论者和一位基督徒的友好交流》。

赵启正与帕罗互赠礼物

入中国的。有一次我在香港，当时有人邀请我到中国大陆来，但是是通过广州来，我说我不来，我得从上海进入中国。后来，过了很多年，我终于实现了自己的夙愿，2000年，我终于经过上海到了中国，这对我来说，就是美梦成真了。

赵：You are right, Shanghai, the key to modern China.①

帕：您又顺便赞扬了上海！感谢您在百忙之中接待我，因为我知道您有多么繁忙。咱们能保持联系吗？

赵：当然，我们再约定时间和地点吧！

---

① 赵启正在此处借用了美国马里兰大学教授罗兹·墨菲在1953年出版的一本书的书名：《上海，打开当代中国的钥匙》。

[第五部分]
关于中西方文化与哲学

　　基督徒说，上帝爱世人，甚至将他的独生儿子耶稣赐给他们，让相信他的人免于受到惩罚，并得到永生。《圣经》说，上帝自己把罪人所犯的罪、所应得的惩罚放在自己身上。在这样舍己受死的过程中，满足了公义的要求来惩罚，并表达了赦免、宽恕罪人的爱，这就是十字架所表达的非常深层的含义。

　　无神论者说，在中国古代道德传统中，有一个字叫"义"，有"正义"、"道义"等含义。第二次世界大战没有发生在美国本土，但美国向中国派出了志愿人员，他们表现得很英勇。他们当中很多人为人类的正义而牺牲，我们要永远纪念他们。为人民大众而死，比（中国的）泰山还要重，这也是一种永生。

美丽的夜上海

赵启正与帕罗第二次对话

2005 年 11 月 16 日，上海。
富豪环球东亚酒店。

2005 年 11 月 17 日，赵启正与帕罗在上海会谈《谅解备忘录》上签字

　　帕：很高兴再次探访您的城市。我觉得我们上一次的见面非常有意义。很多人自称是无神论者，我对他们特别尊重，因为他们有思想，起码他们会思考，他们能作决定，做一个无神论者，他们了解有神和无神的关系。很多人自称有宗教信仰，其实可能是从他们的家族遗传下来的。无神论者跟基督徒有一个相同的地方，就是都是有思想的人。今天能再次和有思想的人讨论，我很兴奋。

　　赵：我也非常高兴。我很荣幸认识您这样一位非常有思想的基督教领袖。

当今世界有20亿基督教徒，有10多亿非宗教人士。从20世纪60年代起，有许多人提倡宗教间的对话，这非常重要，但不应该忽略宗教人士和非宗教人士的对话。有神论者和无神论者之间互相理解，对于世界的和谐必有贡献。

帕：我完全同意您的说法。我常常希望有机会向像您这样有广泛知识的人学习。我想，可能中国大众有这样一种想法："如果上帝是善的，为什么世界上有罪恶的事情？有魔鬼？"那是不是普罗大众的中国人心中对厄运和魔鬼的侵扰有一种惧怕呢？

赵：中国人和其他国家的人一样，也惧怕灾难。灾难有两种：一种如地震、海啸，或者是流行性感冒，这是自然界产生的。还包括偶然发生的，像交通事故等，这都是我们希望避免的。第二种是人为的灾害，比如说遇到强盗、坏人抢劫或者谋害等，但更大的人为灾难，就是战争。

"9·11"事件，美国死亡了近3000人。中国在14年的抗日战争中死了3500万人。中国的很多家庭都有在战争中死亡的人，甚至许多家庭已不复存在。所以对战争的恐怖，我们记忆犹新。对于当今世界存在的战争威胁，每一个中国人，都很警惕。

从近代历史看，中国有被侵略的惨痛历史，所以对发动战争者，我们认为是魔鬼，是罪恶的人。中国有一句话，叫做"爱憎分明"。对于魔鬼，对于发动战争者，要憎恨；对于广大民众，要爱。对于《圣经》中"爱你的敌人"，中国人是比较难接受的。如果敌人被俘虏了，我们会用人道主义对待他。但是我们不能简单地说"爱你的敌人"，更不能说"有人打你的右脸，连左脸也转过来由他打"。让纽约人去爱撞世贸中心的人，我觉得也很难想像。

帕：我想，讲到"爱你的敌人"的时候，主要是讲一种个人的态度。刚才您提到要恨那些敌人。因为他们对您的伤害，不是个人的问题，而是集体的问题。对个人来说，我也曾经犯错误，我也曾经做过罪恶的事情，所以我能够了解和宽恕那些犯罪和犯错误的人。但是，如果我是上海公安局的局长，或者军中的将领，甚至是总理、总统，我就有官方的责任了。从官方

2000 年 9 月 5 日，赵启正在"中华文化美国行"开幕式上

的责任来说，我要保护我的国民、我的市民，去对付那些罪恶
和邪恶的人。所以，这是两种情况，即个人的和官方的、集体
的态度不同。从个人层面，我心里对上帝说：上帝，请您怜悯
这个罪大恶极的人吧。但是，如果我有官方的责任，就要对付
和惩罚那些邪恶的人。这是不是中国的"阴阳"观念呢？这是
我对《圣经》中耶稣说"爱你的敌人"的一个理解。

赵：您是说，请上帝宽恕他，但是您本人，由于确实存在
的一些理由，就不一定宽恕他，是这样吗？

帕：实实在在地说，要赦免和宽恕那些邪恶的人，必须有
很高的灵性的修炼才能做到。

赵：按您的说法，可以这样理解吗？如果是一个很虔诚的

基督徒，又是公安局长，这时候他会有矛盾的心理，因为是双重身份。

帕：您讲得很对。我在英国伦敦的时候，有这样一个经历。我们要在一个很大的球场里集会。在我们进行集会的途中，有一大群维护动物权益的人前来抗议。他们当中有很多人没有穿衣服，光着身子就来了。球场集会的人很多，男女老少都有。警察局的人站在我后面来保护我。那些怀有敌意的人闯进这个球场，有个警察追上了一个叫比利的首领，拉住他，打他，然后把他拉走。其他的警察把那些光着身子维护动物权益的人，一个一个地拉走。事实上，他们是用武力来对付那些不怀好意的人。那天晚上，那个警察有一些不好的感觉。后来，他打电话给比利说：你明天再来这个大球场聚会，我跟你一起吃晚餐，我希望你能听到帕罗博士的演讲。事实上，他做了两件事情。

赵：您这段经历很生动。有的时候，爱大众、爱许多人和爱一个人之间要有选择。一个正义的人，应该选择爱大众这个立场。另外，"敌人"在中国的定义，不是一般犯罪的人或一般捣乱的人。中国对"敌人"的定义，很严格地说，是完全敌对自己国家和民族的人。比如，第二次世界大战中日本军队就是

1996年11月21日，赵启正陪同美国国务卿克里斯托夫、美国大使尚慕杰在黄浦江西岸遥望浦东

我们的敌人，而不是像比利这样的人。犹太人到现在也不能原谅奥斯维辛集中营的德国军官，还在追捕他们。中国人也不能原谅在中国指挥屠杀很多中国人的日本战犯，但是中国人原谅了那些也杀过中国人的普通日本军人。

帕：这会不会牵涉到法律的层面跟个人的观点呢？从法律的角度，我们必须惩罚那些作恶的人；从个人的层面，虽然这个人犯罪作恶，但个人可以宽恕他。在我看来，宽恕、赦免是在神灵最高层次的一种表达。上帝爱世人，甚至将他的独生儿子耶稣赐给他们，让相信他的人免于受到惩罚，并得到永生。上帝好像也有两种现实的态度：上帝本身是执法的，他是公义的，是法官，所以，对邪恶、犯罪要惩罚，但是他也同样是爱。他必须选择一个办法，一个最高的、智慧的办法来赦免和宽恕犯罪的人。我们认为，耶稣基督的受难就是一个最大的奥秘。《圣经》说，上帝自己把罪人所犯的罪、所应得的惩罚放在自己身上。所以，在这样舍己受死的过程中，满足了公义的要求来惩罚，并表达了赦免、宽恕罪人的爱，这就是十字架所表达的非常深层的含义。

赵：中国对待罪犯，在按照法律处理的前提下，也要给予关爱。如在监狱中，给他们学习新知识的机会。也就是说，我们还是相信教育的力量。对虐待犯人的违法者轻者教育，严重者要惩处。

为大众牺牲，这是一种很伟大的精神。在中国和美国，都有许多这样的人。他们为了国家的独立，为了人类的事业而牺牲，死在战场上，或者死在敌人的监狱里。第二次世界大战没有发生在美国本土，但美国向中国派出了志愿人员，他们表现得很英勇。他们当中很多人为人类的正义而牺牲，我们要永远纪念他们。

帕：在《圣经》的《约翰福音》里，耶稣曾经这样说过：在世上没有什么比为别人牺牲的爱更伟大。美国参谋长联席会议主席彼得·佩斯在接受总统任命时，在电视上讲了一个小故事。他说，如果不是曾经有一个海军陆战队的队员救我，我今天就

飞虎队老兵在云南

不会站在这里对你们讲话。那是在越战中，当时我是一名上校。
我带着二十多个兵，在一个洞里遭到枪击，就在那个时候，一
个队员跑到我的前面挡了一枪。其实那颗子弹是向我打过来的，
他是为我而死的。虽然彼得·佩斯是一个坚强的军人，但他还
是流泪了。同样的，耶稣其实就是代替我们挡了这一枪，为我
们受死、受难了。

　　赵：在中国古代道德传统中，有一个字叫"义"，有"正
义"、"道义"等含义，中国人讲求为了正义事业而上刀山下火

海，在所不辞。对死的意义，中国人有一种观念：为人民大众而死，其意义很重，比（中国的）泰山还要重，这也是一种永生。说这句话的人，是中国的一位伟人——毛泽东。在中国这段话传播得很广，人人皆知，并奉为格言。中国人非常尊重为大众而牺牲的人。

帕：我想这是人类真善美中"善"的一面。

赵：我们认为，人要有伦理意识。孟子说过，"老吾老以及人之老，幼吾幼以及人之幼"①。

帕：耶稣也说了一句和您刚才说的一样的话：爱您的邻居像爱您自己一样。在这方面，双方的教育非常一致。

您提到的中国孔子、孟子的伦理道德思想和基督教有很相似的地方。这其中有很多真理，一个原因可能是因为我们万族同源于一。中国人的思想更有意义，因为中国已经有超过五千年的文明历史。

赵：我已经发现，我们在很多方面的意见是一致的，但是，也有分歧。如果没有分歧，我们的对话就没有那么重要了，也不精彩了。如果我和我自己的影子对话，到最后我就会疲倦了，不兴奋了。

---

① 见《孟子·梁惠王上》。

2005年11月，帕罗与美国总统布什及夫人劳拉在北京缸瓦市基督教堂前

帕：我也是一样，会失去兴趣。

赵：我们两人是在完全不同的条件下成长起来的，所以，对话就有很多新鲜感，彼此才能有一定的影响。所谓影响，首先是相互理解。对话是克服文化障碍最好的方法。

由于有了大型喷气客机，有了卫星电视，互联网普及了，所以地球相对变小了，东西方的接触才多起来。在200年前，我们还不知道世界上有美国。

帕：我在美国，看过您书里的一篇演讲稿①，书中您提到

---

① 即《中国人眼中的美国和美国人》，英译名为 *America and Americans Through Chinese Eyes*，由五洲传播出版社以中、英两种文版出版。

过这个问题。

赵：那本书表达了中国人民对美国人民的友好之情。现在，东西方的交往越来越密切，因此，东西方相互间的了解，越来越有必要，要了解我们哪些是共同的，哪些是不同的。人们必须明白，有差异存在是完全合理的。但是，彼此深入理解并不容易。像你我这样，能够直率地、毫无顾虑地交谈，这是难得的机会。如果中国人只从美国电影中了解美国，我们会认为美国有很多暴力，有很多英雄，也有很多强盗。美国人只从电影里了解中国人，会以为中国人都有长辫子，多数人会功夫。

帕：我想美国电影对美国在国际形象上的破坏是很大的。我曾经在南美洲的一个国家住过一段时间。有一部美国电影，在我住的城市播放，是关于医生的妻子的。电影里表现所有医生的妻子都很孤独。它描写那种很有男子气概的人，他们当医生，忙得不得了，忽略了他们的妻子。电影表达的是，所有医生的妻子都想着其他的男人。所以，我住的那个国家的男人都说："把我们带到美国去吧，我们会照顾那些医生的妻子。"这种电影把美国这样的形象在全世界到处播放。不单是暴力，还有这些荒唐的东西。电影中所表达的美国人就像是大警察，美国像大妓院那样。

赵：这个导演和编剧不是基督徒吧？

帕：当然不是。

赵：他选择了利益和金钱，而放弃了道义。

帕：但是，今天很多人都被金钱蒙蔽了。他们把现实和电影中所表达的分开了，这是很大的危险。您看，这个电影里的人谈论的，他们在电影里表达的，逼真到您会误以为是现实生活里讲的话。今天，很多不正确的东西和现实都已经被混淆了。

赵：但是，荒诞的电影票房高，爱看严肃电影的人少。以后您告诉我哪部美国电影是严肃的，我就去看，您不开名单的，我就不去看了。

帕：名单不会很长。

赵：东西方文化有差异正是东西方要加强交流的理由。美国的大多数移民都是从欧洲来的，所以，欧美很接近。说到西方，我们理解为以美国和欧洲为主。但是，东方就太大了。国家很多，信仰的宗教很多，有不同类型的文明。就亚洲来说，至少有中国、印度、中东、日本等比较大的文明的地区。而中东的文化又有多种，在该地区有各种冲突。因为亚洲的经济，如中国、印度正处在比较健康的发展中，而日本已经是发达国家，所以，西方对亚洲的注意力比以前增加了，包括对这边的文化

帕罗博士在布道

的注意力也随之增加了。西方的经济比较发达，那里输出了高科技，也输出了资本，因此，亚洲对西方的观察和学习，比西方对亚洲的观察和学习要多。也就是说，东方对西方的理解更多一些。

中国近二十年来和西方的交往越来越多了。最初，即使在商业谈判上，也很费时、费力，因为不知道彼此的习惯和思考的模式。而今天，因为我们双方都较多地知道了对方的文化背景，谈判起来成本低、效果好。在商业方面如此，在政治方面也有类似的例子。

[第六部分]
关于宗教和科学

　　基督徒说，我讲到"真理是上帝"的时候，并不是一下子把所有的真理都取缔了，所有其他的真理并不是没有意义了，相反，我们认识到终极的真理是上帝，使我们对科学的了解更深刻。

　　无神论者说，我们认为，科学是推动社会进步的第一生产力，最重要的生产力。科学的发展使我们不断地接近真理。

上海浦东新建的天主教堂——耶稣圣心堂

帕：同样，相互理解对精神上、灵性上、宗教上的交流也有很大的帮助，对社会的各个方面都有影响。

在"9·11"之后的一个礼拜，我们在旧金山的南部城市有一个大型集会，当晚，一次车祸断送了负责清理现场的一对夫妇的两个未成年的女儿。我立刻赶到医院看望这对夫妇，提醒人们："9·11"或者海啸，对人来说是很大的打击，但是，在我们不知道的情况下，全世界每一天大约有16万人静静地失去他们的生命。所以，我常常提醒别人说：我们要预备我们永恒的生命。因为活在这个世上再美好，一般也不超过一百岁，但是永恒却是更长远的。到我们进入永恒的时候，所有的科学、文学、诗歌都要离我们而去了。所以，我在这个世界上的角色和目的，就是吹着号角唤醒沉睡的人，我觉得这是我人生的荣幸。

赵：关爱生命，求得永恒的生命，这是非常美丽的理想。如果真的有永恒的生命，我想每个人对此都是向往的。如果真是这样，就会出现一个问题：地球上的人不断地出生，不断地取得永恒的生命，将来天堂如何容纳得下？佛教说，人是轮回的。

这样就解决了天堂放不下的问题。可既然是轮回，为什么现在世界上的人口越来越多？

帕：我也不能回答关于轮回的问题。

赵：我和佛教的一些高僧也谈过，他们似乎也不能给我明确的回答，也许是我不能明白。由此我想，《圣经》也好，佛经也罢，是不是随着时间的推移需要修订？我不是指语言上的修订，是指内容上能不能补充，不然回答不了科学不断提出的新的观点、新的理论和新的事实。神学家要对这些科学的进展不断作出新的解释，这也是迎接科学的挑战。在这种背景下，也许《圣经》要发展，也就是上帝会给新的启示，会出现新版的《圣经》吗？

帕：我想不会，请允许我讲一个故事给您听。美国宇航局有个宇航员出身的领导是基督徒，当然，他也是一个科学家。他曾经说，历史好像三座大山，一山比一山高。科学家爬上第一座山，他们在山顶上找不到什么答案。然后他爬到第二座山，希望找到人生终极问题的答案。但是，也没有找到。最后，他们爬到了那座最高的山的顶峰。他们很惊讶地发现：原来在那座

北京街头一景

北京中央商务区（CBD）

2005年11月16日，赵启正陪同帕罗参观上海浦东
新建的基督教鸿恩堂

上海黄浦江

最高的山的山顶上，有一些神学家在看着他们笑。

赵：我认为不是三座山，而是无穷多的山。到每个山顶都得到了真理，越高的山，这个真理越接近绝对真理。但是，在我们一生中爬不完这么多的山，一生中只能爬一座山或者两座山，要一代接一代地爬上去，永无止境。

帕：当然，我们作为人，一代一代不断地向真理进发，但是当我们找到真理的时候，才会发现，终极真理就是上帝。

赵：回答绝对真理或终极真理，神学一句话就回答了：真理就是上帝，非常简练。神学的核心就是上帝的存在，神学的

2005 年 11 月 17 日，赵启正与帕罗共游黄浦江后在游船上合影

基础就是《圣经》。我想人类未必能找到终极真理，只能不断向着它前进。可是科学家和神学家对真理也有不同的定义，这确实是一个复杂的问题。即使在无神论者或有神论者当中，许多人对真理的定义也并不相同，就像宗教学家、神学家对宗教的定义也不相同一样。

帕：当然，我们谈到真理的时候，有物理学的真理，也有数学的真理。但是我讲到"真理是上帝"的时候，并不是一下子把所有的真理都取缔了，所有其他的真理并不是没有意义了，相反，我们认识到终极的真理是上帝，使我们对科学的了解更

热爱中国文化的帕罗博士

深刻。

简单说来，《圣经》并没有告诉科学家，您相信上帝这个神就不需要深入思考。《圣经》告诉科学家相信上帝，相信造物者，大胆进行你对终极真理的探寻。

赵：在我们看来，在数学、物理、化学这些科学之外，某些终极真理的探索是哲学的任务。黑格尔说，哲学是"黄昏到来时才起飞的密涅瓦的猫头鹰"[①]。我的理解是：第一，它是对已经发生的事情，包括宇宙的、地球的、人类的、个人的所发生的事情的一种反省，从中提炼出真理来。第二，他说猫头鹰飞高了看得远，并且在黑暗中还能发现问题，哲学家也应有这些本领。我认为，哲学的一个重要的方面是反省和提炼过去，希望得到的结论能够指导未来。

上个世纪初，有人曾把"Philosophy"翻译成"智学"。意思就是超过已知的具体知识，在知识之上，在思想上，在逻辑

---

① 这里的密涅瓦即希腊罗马神话中的智慧女神雅典娜，栖落在她身边的猫头鹰则是思想和理性的象征。

上，能够有一个更高的概括。

帕：很有趣味的是，"哲学"的英文拼写本来是希腊文的两个词的组合。前面那部分"philo"，希腊文是"爱"的意思。后面那部分"sophy"，则是"智慧"的意思。所以，"Philosophy"，希腊文本来的意思就是"爱与智慧的组合"。

赵：我理解"爱智慧"包含着爱真理的意思。

帕：对，是寻找真理和享受生命。

赵：真理也是一种美。人们能享受到寻找真理过程中的美和寻找到真理的美。美有许多种：自然界的美、绘画的美、音乐的美、建筑的美，等等。一个懂哲学的人，在哲学思考之后有新的收获的时候，他能感受到哲学的美，这是一种很高级的美吧！比如说，爱因斯坦认为他的质量能量关系公式 $E=mc^2$ 很美，因为它不仅很简单地表达了质量和能量的转换关系，其中还有丰富的哲学意义。

帕：我知道这个公式，但是我不了解这个公式的意义。

赵：简单地说，原来物理学家认为质量和能量是两回事。这个公式的发现，证明了质量和能量是可以互相转换的。那么，质量守恒定律和能量守恒定律，在一定条件下应当合并。

帕：为什么物质有能量，但不是都能爆炸？

赵：特定的物质要有一定的特性和外界条件才能转化为能量，才能爆炸。

帕：像原子弹那样，就是里面的能量爆炸了？

赵：有两种核反应，一种是聚变，一种是裂变。我忽然发现，您在物理学上也有很高的理解力。

帕：这就是为什么科学家爬到山顶上，发现神学家已经在那儿找到了人生的答案。所以，当您爬到山顶的时候，发现神学家看着您笑，到山顶的时候就都了解了。

赵：但是科学家已经把仪器送到火星了，比山还高。

帕：但是神学家已经到了天堂的领地，超越了火星啊！

赵：实际上，科学家和神学家各有一座山。他们必须友好相处，在两座山上互相打招呼。他们不应该距离越来越远，而应该越来越近，这就需要对话。

2005年10月12日，神舟六号飞船发射成功

北京谱仪(BES)是工作在北京正负电子对撞机（BEPC）上的大型装置，用以探测在BEPC上产生的各种粒子

2006年7月18日，三峡大坝建成后首次开闸泄洪

有"天路"之称的青藏铁路全线贯通

在美国旧金山举行的"中华佛教音乐展演"上表演少林功夫

世界小姐大赛在海南三亚举行

山东潍坊国际风筝节

帕：您说得对。

赵：我们在努力说明白自己的观点。我们的对话增进了相互理解就是共同的成就。

帕：您讲的话令我思考一些我从来没有想过的事情。您是一位工程师，也是一个科学家，还是一个哲学家，很快您就会成为一个神学家了。在我看来，神学家讲神学的问题是从上到下，而科学家研究科学是从下到上，我们的对话使我们在中间相遇了。

赵：有不信神的哲学家，他研究的是关于宗教的哲学（philosophy of religion）①。那么，有没有不信神的人当神学家，研究神学或某一种宗教的哲学（religious philosophy）② 呢？

帕：您喜欢定义。

赵：是的，我是喜欢追求定义的人。在定义不清楚的时候，

---

① 关于宗教的哲学是对宗教问题进行哲学思考，是哲学研究的一个内容。
② 宗教的哲学更接近于神学，其中很多部分是护神学。

概念就不清楚，就不能再往下讨论了。

帕：如果讲定义，"神学家"这个词也像"哲学"一样是两个词的组合，是希腊文"theo"（神）和"logic"（知识）的组合，就是"神的知识"。所以，"神学家"的意思就是"一个了解神的人"。从定义上看，如果神学家不相信神的话就名不副实了，怎么会不相信神而了解神呢？

赵：我的意思是说，可以从哲学的角度来对待宗教，从哲学的角度来研究神学的意义。事实上，非宗教人士也使用了许多宗教的词汇，但是意义可能并不是完全相同的。

由于中文和希腊文、英文相差很远，希腊文较中文容易译成英文，并且会保持原来的一些拼写痕迹，而在中文中就见不到这样的痕迹了，这是中文的特点，这也是我们对话中语言学的困难。尤其是把中国哲学译成英文是非常之难，不同的译者，译出来感觉就像两本书。

帕：我想告诉您，我认识中国的一些研究神学的人，他们对东方、中东和西方的思想都有很深的研究。奇妙的是，《圣经》超越了不同的文化，中国有些研究神学的人，到西方的神学院去进修。也有从新加坡和香港去的，我认识其中一些人。在中国，我交往的范围不广，但是见过的几位都颇有才华，我相信，下一个世纪是中国的世纪，中国人在神学方面也会有所作为，不但有闻名世界的中国企业和科学技术，还会有中国人向世界传达上帝的意旨。

赵：对中国来说，基督教的神学是一个进口的产品，不是本地产品。虽然佛学也是由外国进口的，但相对地说，它与当时的中国文化容易融合，它早已本地化了，与本地文化融合了。

帕：其实，基督教是从天上进口到世界上每一个国家的。耶稣基督由童贞女马利亚所生，来到这个世界，就表示从天上来的启示，到世界不同的国家的。

赵：多数主要的宗教，都说自己的神是惟一的。我不能歧视任何一个宗教，好像我只有两个选择：一、大家说的都对，这样就有许多上帝；二、大家说的都不对，这样就没有上帝。两种选择，所有宗教都不会同意。

帕：要回答您这个问题，其实很容易。您说没有上帝？不

1988 年，邓小平视察北京正负电子对撞机

北京正负电子对撞机(BEPC)是一台供高能物理研究和同步辐射应用的大型科学
装置，十多年来在其上取得许多重要成果。图中显示的是 BEPC 隧道

可能。您得认真对待这个问题，说无论如何，我得找到上帝，您是个科学家嘛，所以，您必定会努力地思考这个问题，继续深入探索。

赵：思考只需要一个好的大脑，但相关的实验室很难建立。一个确定是否有上帝、哪一个是真上帝的实验室，需要哪些设备，运用什么实验方法，还都没有找到啊！

帕：您讲得很正确，其实您就是那个实验室。耶稣说：赵部长，如果您对我敞开您的心扉，我就要进到您的生命里，宽恕赦免您一切的错误和罪恶，给您良心的平安。我要差遣我的圣灵进到您的心灵里，给您永生的把握，答应您的祷告，带领您的人生道路，祝福您的人生。我会从一切罪恶的捆绑中释放您，给您自由。所以，您自己本身就是那个实验室。

赵：如果我有一个为验证上帝的存在的实验室，我会在实验室里说：耶稣，如果您真正存在，请您有一点儿神迹的表现，给我一个信息的痕迹。但是他始终不会回答我。神学家是在教堂中回答问题，而物理学家是在实验室中回答问题。其实，教堂和实验室的区别是很大的，它们是两码事。如果我把实验仪器放到教堂里，是不是跟普通房间里做实验结果不一样呢？

帕：我太兴奋了！我们越讲越有兴趣。明天我们还要继续谈科学和宗教的关系，由实验室往下谈。我觉得和您谈话非常有意思，非常有启示，非常有意义。

赵：我们没有浪费时间，时间就是金钱，我们已经打破了一个障碍。在多数情况下，无神论者和有神论者之间会有一层透明的塑料薄膜。也就是说看得到对方的形象，感觉不到对方的温度。据说，人在有激情的时候，体温是高半度的。

帕：和一位有智慧的无神论者讨论，对于我来说是一种非常难得的享受。

这是美国出版社的一本书——《造物者和宇宙》（*The Creator & The Cosmos*）。作者是一位天文学博士，在加州理工学院做博士后，研究类星体和星系。这里有刚才我们谈论到的一些观点，这本书送给您作为礼物。

赵：我也有几本书明天送给你们各位，是有神论者和无神论者都会喜欢的书，关于中国的世界文化遗产的书。

上海浦东一景

赵启正与帕罗第三次对话

2005 年 11 月 17 日，上海。
富豪环球东亚酒店。

中美科学家在建造磁铁过程中进行学术交流

帕：我昨天参观道观①的时候，曾经问那个道士关于长生不老的问题。今天还可能向您问同样的问题。

赵：好。我们的对话像乘一条船，在一条河上顺流而下，有的时候拐弯，有的时候较平直，沿途有美丽的景色。

帕：好像浦东的河那样（指黄浦江，前一个晚上游江了）。

赵：黄浦江可以和密西西比河作比较，它们的美丽相映成辉，彼此并不嫉妒。

帕：是不是继续讨论科学和神学的问题？

---

① 2005年11月16日下午，赵启正陪同帕罗参观了上海浦东一个新建的基督教堂和一个道观。

赵：好的，那么咱们继续。

神学家是在教堂内思考，发挥了充分的想像力，而自然科学家是在实验室里，在发挥想像力的同时一定要做实验。实验在科学家看来是必不可少的，在实验室内进行测量，本质上是对自然界进行测量。实际上在古代，对于知识的来源就有不同的见解。柏拉图就认为知识是通过头脑想像的，或者是演绎的。而亚里士多德则认为，思想和实际两者的结合才能获得知识。这个问题自古以来就是一个重要的问题。所以，对神学家如何发挥想像力，如何用头脑工作，我不是很明白，也许您能告诉我。

帕：对上帝有信心，会鼓励而不是压制科学研究。对上帝的认识鼓励我们去思考，而不是减弱我们思考的能力。

在中世纪黑暗的时代，因为人不能看《圣经》来认识上帝，所以思考的能力就受到限制，他们很惧怕科学的探讨和研究。但是后期，因为改革的运动席卷欧洲，加上印刷术的发展，整个欧洲开始了思想运动。在那之后，出现了很多著名的科学家，如昨天您提到的牛顿，他本身就是一个虔诚的信徒。苏格兰人

位于上海浦东的道观——钦赐仰殿

2005年11月16日，赵启正陪同帕罗参观道观

弗莱明，发明了青霉素。他因为对上帝有很强烈的信心，上帝要医治人，所以他就去研究青霉素。第二次世界大战中，德国的科学家冯·布劳恩，研发了现代多级火箭，他也是一个信教的人。我必须强调一点：认识上帝，相信上帝，作为一个信教的人，不会限制我们对科学的追求和智慧的寻求。所以，真正的基督徒从来都不会躲在教堂的四面墙里去思考。相反，我们看到有许多科学家、学者、经济学家、政治家，他们都在社会不同的层面上进行思考。

赵：科学史上记载了17世纪、18世纪教会的裁判所对一些科学家的残酷迫害，如伽利略、哥白尼、血液循环的发现者塞尔维特①。很多重要的科学发现受到了教会的抵制，这表现出宗教对科学的阻碍。但是，哥白尼、伽利略、牛顿、开普勒、爱因斯坦等大科学家却都是教徒，这是一个应该思考的问题。

我的问题就是：教会或者是西方宗教，对科学的态度在最近100年以来有很大的变化。这样的变化是怎么来的？为什么

---

① 塞尔维特（Michael Servetus，1511～1553），西班牙医生，文艺复兴时代的自然科学家，肺循环的发现者，同时又是一位神学家。他第一次提出关于血液由右心室经肺动脉分支血管，在肺内经过与它相连的肺静脉分支血管，流入左心房的正确看法。限于当时条件，他未能提出有系统的循环的概念，"循环"一词未被使用。但后人基于他的功绩，常将肺循环称为"塞尔维特循环"。

来往于上海市区和浦东国际机场之间的"陆地客机"——磁悬浮列车

有这样的变化？

帕：您提到伽利略受到了迫害，在17和18世纪，教会或宗教人士基本上不准人们读《圣经》，所以，人们对科学与宗教的关系的看法要凭自己的想像。那是一个"黑暗的时代"，那时欧洲的一些宗教领袖，对上帝根本没有真正的认识，他们的道德非常败坏。一个人道德败坏，就会在很大程度上影响到他的知识、智慧和能力，所以，当您真正相信上帝创造宇宙万物的时候，您就会追求和认识他的创造，这是很自然的逻辑。一些没有真正受过教育、没有知识的宗教领袖，他们往往惧怕研究科学会抛掉宗教。他们认为当人们发现科学真理的时候，人们根本不需要上帝了。其实，科学研究主要是对自然界的物质进行研究，当然，科学能够带给人类进步，这本身是有很高的价值的。由于医学的进步，人越来越长寿。人类已经登陆月球，登上月球会给人类生活带来哪些进步，可能现在还看不到，但是将来我们必然会看到。

我还记得第一个太空人、前苏联的加加林环绕地球回来时说的话："我在上面看不见上帝。"这是很可惜的一个想法。人在外太空当然看不见上帝，我们知道，天堂比太空的轨道还要高远。但很多人鼓掌说：对呀，我们看不见，上帝就没有了。这是幼稚的，因为真正认识和看见上帝是从灵而生的，那种真实感，就像您在实验室做实验一样。如果对基督有信仰、有信心，就不应该与科学彼此敌对、彼此冲突，而应该是好朋友。所以，一个人能够认识上帝的话，也能百分之百地对科学有认识。

赵：我觉得，首先有事物的存在，才能引起人们思想的活跃，就是物质是第一性的，思想或者意识是第二性的。而您的想法是，思想是第一的，而其他是第二的。

物理学家研究的对象是物质。这包括：物质的结构、物质的运动和物质的相互作用。比如说地球的运动，原子的运动，中子冲击到铀的原子核上会发生怎样的反应，都可以通过仪器很清楚地显示。而灵不能用任何仪器来测量，人们就不知道灵是一个什么形态。这一点，是不信神的物理学家和神学家之间最难调和的一点。培根说过，通过实验才能确认一个知识的可靠性。

帕：我想，您必须区分对科学的热爱和对无神论的投入。您是从确定"我是一个科学家"跳到"我是一个无神论者"了。我们不能通过实验证明有上帝，同样，您也不能通过实验证明没有上帝。在您的头脑里已先入为主：虽然世界上的创造已经存在，但是我不相信上帝是创造者。作为一个科学家，应该对

北京街头一景

"可能有这样的上帝"的观念持开放的态度。在科学上您是专家，您可以证明很多科学道理，但是科学家在100或200年前不会相信有中子和原子存在。科学家也是在进步的。将来会有一天，可能有一个科学家会说："我证明了有一位上帝。"那时，赵教授您就可能会说："赞美上帝！"

赵：那需要一个非常伟大的人物，比爱因斯坦还要伟大。

上帝曾经说，要有光，就有了光。现在上帝说，要一个新的爱因斯坦，就有了新的爱因斯坦吗？

帕：这个科学家已经有名字了，比爱因斯坦更伟大，就是耶稣基督。

看来您很有信仰。我有时觉得您的信仰和信心比我还要强。我有个问题想请教一下：当您想到刚出生的婴孩，母亲把她生出来，那是一个完美的生产；当您看到鸡蛋里出来的小鸡，您就会看到生物的奇妙和奥妙所在，那么，是谁教导鸡妈妈坐在鸡蛋上面，鸡蛋就会生出小鸡呢？是不是所有这些都是一种机缘呢？晚间新闻报道说，明天的太阳在早上6点17分出来，后天在6点18分出来，宇宙中的完美性，不可能从大爆炸中忽然间全部产生。如果相信宇宙是机缘巧合而来的，在大爆炸中产生而不需要上帝创造的话，就好像相信《牛津大辞典》是在一个印刷厂里通过爆炸而印出来的，这是不可能的，一定是有思想的人把辞典编写出来的，所以，我觉得，您的信仰比我更强。

赵：我必须承认，我甚至还不能回答我自己提出来的全部问题。其实，人类到今天还不能够回答自古以来自己提出的所有问题。因为人类大脑的体积是有限的，脑细胞虽然有1000亿之多，但仍是有限的，它就相当于一个高级的计算机，但不是具有无穷能力的计算机。比如说，我是一个CPU486的计算机，它不能回答许多问题，需要今后更高级的计算机去回答。计算机不能生小计算机，可是人有后代，我们的后代会比上一代聪明，大脑也会一代比一代发达，所以，我们可以对科学的发展寄予很高的期望。我们认为，它是推动社会进步的第一生产力，最重要的生产力。科学的发展使我们不断地接近真理。

我想提出一个您必然有独特看法的问题：

今年11月8日，美国堪萨斯州教育委员会通过了一个决议，让老师在中学的科学课程中介绍"智慧设计论"。中国的报纸很快刊登了这个消息，有的报纸用了半版，讲了在美国赞成的意见和反对的意见。我在中学的时候有一个课程叫达尔文进化论，达尔文将从世界各地搜集的化石排成队用以说明物种的进化。简单地说，达尔文认为，物种是竞争的，经过自然界的选择，适者生存，并且不断地有所变化。最近，有37位诺贝尔奖获得者联合署名发表了一封信，表示不赞成"智慧设计论"进入学校。有的科学家说达尔文进化论有某些缺点，比如，他的进化链缺少一些物证的细节，但是物种竞争、自然选择的观点仍是成立的。我也相信，这些获得诺贝尔奖的科学家中也有基督徒，基督徒和基督徒之间也并不一致啊！

帕：我想以后送给您一本书，叫《达尔文的黑盒子》，是关于生物学的。您刚才提到达尔文理论中的一些缺失点，现在有些生物学理论说，这些缺失点其实没办法找到。有时，科学家的一些偏见同一些基督徒的无知一样强烈。科学家有时在还没找到这些缺失点的时候，仍非常强烈地认定没有造物主。其实，承认或者思考造物主的理论，不需要惧怕有造物主这个想法。因为如果真的有造物主智慧的创造，所有科学理论就会更加合理，更加合乎逻辑。很多科学家看到，对100多年前的达尔文理论，那时没有找到的例证现在还是没有找到。

我现在有一个问题：如果您是一个无神论者，那么这个世界是怎么来的呢？无神论者怎样去理解宇宙存在的问题？

赵：神学家说宇宙是上帝创造的，这是一个非常聪明的、一劳永逸的、"一下子解决问题"的回答。我认为这是人类的许多可能的回答中的一种，但我不能给出"我不知道，上帝知道"这样的回答，我觉得我现在不能回答的问题，我们的后代，也许几百年或几千年后能逐渐接近答案。也许我提一个问题，您也暂时不能回答：如果有上帝，那上帝是谁创造的？

帕：我早知道您会问我这个问题，我也不知道答案。当我们上天堂的时候，我们就会知道了。因为《圣经》曾经这样说：

"到那一天我们就会知道，好像主知道我们一样。"所以，将来我们去世以后，你我一起到了天堂，我们就到那边继续讨论这个问题。

赵：如您所说，如果真的有天堂，到了天堂，我们的样子不会变吗？还能认识吗？

帕：完全可以认识。如果我们在中国已彼此认识的话，到了天堂，我们会更聪敏，肯定能彼此认识。我一定会到天堂去找您的。

赵：我们要约定一个见面的密码吗？

帕：到那时，我可以给您我的名片。

赵：如果我们的模样变了，我说"Mississipi"（密西西比），您回答"Yangtse River"(扬子江)，就算对上了。

帕：好主意。

赵：这是我们共同想像的美丽的故事！

[第七部分]
关于宗教与社会和谐

基督徒说，当人们真正愿意舍弃自己而真诚地跟随耶稣的时候，会看见人生向着好的方向真正的改变，这会促进社会的和谐。

无神论者说，我们要建设一个中国特色的社会主义社会，要建立一个和谐的社会，这已经成为国策。而和谐的社会当然要包括宗教内部的和宗教之间的，以及宗教社会和非宗教社会之间的和谐。

西藏拉萨布达拉宫夜景

2006年4月，世界佛教论坛在浙江杭州举行

2005 年 8 月 7 日，赵启正向金字塔前的埃及士兵致意

帕：作为一个相信耶稣基督的人，我认为宗教和社会、生活的关系十分密切。比如，基督与社会安定有直接关系，因为真正的基督徒会尊重社会上的掌权者。基督与智慧上的寻求和永恒的生命有很大关系。有关"我是谁？我从哪里来？为什么我在这里？我将要去哪里？我生存的目标是什么？"所有这些问题，基督都给我们答案。基督对我们心理平衡、家庭和睦、伦理道德、消除社会的罪恶和邪恶等方面都有影响。基督与社会经济也有关系，"不做工就不应该吃饭"的原则，能推动人们勤劳的精神，上帝尊重和赏识那些诚实的人。

赵：宗教作为一种历史悠久的文化体系，不仅是基督教，包括佛教、道教、天主教、伊斯兰教等其他宗教，对社会的政

《死海古卷》

治、经济、文化和生活等各个方面都产生了广泛的影响。宗教
道德中的弃恶扬善等内容，对鼓励教徒追求良好的道德目标有
积极的作用。宗教通过对信徒的心理慰藉，对稳定信徒情绪、调
节信徒心理也有积极的作用。宗教尤其对建筑、绘画、雕塑、音
乐、文学、哲学等方面有深远的影响。今年我在以色列参观了
20世纪40～60年代在死海北端库姆兰发现的《死海古卷》，印
象深刻，它记载了希伯来人的宗教文化。金字塔、巴黎圣母院
和在中国到处可见的佛教寺塔都同样凝聚了建筑艺术的精华。
敦煌莫高窟更是汇集了中国、印度、希腊、伊斯兰四大文化体
系，许多精美绝伦的古代壁画和塑像，为后人留下了灿烂的文
化和深厚的历史沉淀。宗教对音乐也有很大的影响，如亨德尔
的《弥赛亚》、海顿的《创世记》、贝多芬的《庄严弥撒曲》和

敦煌莫高窟坐佛像　　　　　　　飞天壁画

中国的佛教和道教音乐。

　　基督教的很多伦理规范和中国人的伦理规范有许多一致性。《圣经》里有一个"黄金律"，就是："你们愿意人怎样待你们，你们也要怎样待人"。中国孔夫子有一句话，"己所不欲，勿施于人"。两句话从两个相反的角度说，但意思几乎完全一样，是互补的。

　　帕：是一个因素的两面，都是一致的。

2006年5月，中国国家宗教局局长叶小文（左）与美国前总统卡特（中）在"中国教会圣经事工展"赴美巡展现场

2003年7月29日，叶小文局长与美国华盛顿枢机主教麦卡里克在一起

赵：因此，我们很容易明白您刚才一些关于伦理的观点。孔夫子学说中伦理方面的核心观点，就是"仁者爱人"。孔夫子认为，仁是伦理的最高境界，如何正确对待君臣、父母、兄弟、夫妻、朋友的关系，都是仁的内涵。孔夫子学说中的伦理观和基督教的伦理观，对于促进家庭这个社会细胞和谐的作用都是非常明显的。

在"9·11"之后，一个以基督教文化为主的美国社会表现得非常团结，一致抵抗恐怖主义。

在"9·11"之前不久，默多克①夫妇请我到世贸中心赴宴，不久之后，世贸中心就遭撞击了，这对我冲击很大。"9·11"之后，我又到美国去，我到那里的教堂前面，看那些追念亲人的信件和挂在墙上的故人的相片、帽子、衣服、明信片。我在那里感受到了人们彼此间的爱和对亡者的追念。

---

① 鲁伯特·默多克（Rupert Murdoch），美国新闻集团董事长兼首席执行官。

历史也表明，宗教的社会作用既有积极的一面，也有消极的一面。宗教具有历史性和民族性，理性的有神论者和理性的无神论者不仅应看到宗教的积极性，同样也应该看到每种宗教都有它的局限性。宗教的某些负面影响，主要表现在宗教之间、教派之间、民族之间、国家之间，宗教没有能够发挥像对本宗教、本教派内那样的作用。

　　今年夏天，我去了以色列和埃及，在有名的哭墙附近，我看到犹太教徒虔诚地站在那里，但我总有一种紧张的心情。我觉得这里是一个冲突之地，政治冲突，宗教冲突，混在一起。在埃及，他们友善地派了四个战士，坐着一个小卡车跟着保护我们，但是，这反而让我们感觉紧张。

　　我觉得宗教之间不能和谐共处的原因在于，都认为自己的宗教是最伟大的，自己尊重的神是惟一的，都不能退让，彼此

世界三大宗教共同的圣城——耶路撒冷　　　　　　耶路撒冷的哭墙

就不能相容了。但佛教例外，佛教对其他宗教都有宽容之心。各种宗教之间应该相互包容，相互尊重，这样宗教之间才能和谐。

所以说，宗教在本宗教内和本民族内有促进和谐的作用，但是从世界范围看，宗教在不同宗教或民族之间有时有负面作用，我的这个看法您同意吗？

帕：您的结论，包含了很多重要的观点。您主要提到四个方面重要的问题：宗教，邪恶，战争，还有和谐的社会。宗教的定义是人去寻求神，但基督教是人和上帝的一种发展关系，所以基督教不认为自己是宗教。我们希望人相信上帝，并告诉别人跟随耶稣的办法。但是，您有绝对的自由说"我不要"，这是您个人的选择，但我仍然爱您，仍然尊敬您，我们仍然是朋友。然而，很多人在耶稣基督之外，会加上很多其他的东西。就像我们现在是好朋友，但是有人会在我们的友谊之上加上很多东西。如有人提议说，下次您再去中国见赵部长的时候，您必须带着赵部长的照片，在赵部长面前或在他的照片前点一炷香，要一直走直到跪到赵部长的面前，然后亲吻一下他的手，再退后三步。提此建议的人，就等于创造了一种宗教仪式。但是，我会对他说："得了吧，我有他的电话号码，我可以直接给他打电话，不需要照片，不需要点香，也不需要跪拜。我们的关系良好。"

我们必须清楚，不是世界上所有的战争都是宗教的原因。第一次世界大战、第二次世界大战和越战也不是宗教的原因。希特勒是个无神论者，他发动了战争。我也相信，宗教有时候也会发生一些问题，但不是由于耶稣本人。您所观察的以色列和邻国发生的冲突，真正的原因不是宗教，而是周边环境和经济问题，只是有人利用宗教，打着宗教的旗号。所以，根本原因还是人的贪心与邪恶的问题。同样，人也可以打着无神论的旗号。战争的真正原因是人在罪恶中沉沦。我们知道，科学本身是中性的，可以帮助医治癌症患者，同样可以发明原子弹去轰炸广岛。事实上，科学和技术的进步使战争更加危险和具有杀伤力，原子弹的发明就是对科学的误用，但我们不会因为原子弹和氢弹的发明而放弃科学。

所以，我的结论是：问题不是出在科学、宗教或者是基督教上，而是出在人心里，是人心里的贪念。

在过去的几年中，我听见也看见上百万的中国人成为耶稣的信徒。每个时代的人都需要改变内心，一个和谐的社会没有出现，是因为我的心和您的心有邪恶的念头，所以我们彼此就会有斗争。《圣经》提到，如果一个人相信基督，他就是一个新造的人，旧的事情已经过去，一切都变成新的了。这是人心里的一个实验。当我读大学的时候，就是这个要义使我改变并去跟随耶稣的。当人们真正愿意舍弃自己而真诚地跟随耶稣的时候，生命就有了真正的改变。这会促进社会的和谐，因为您爱

1999年10月9日，赵启正看望出访归来的西藏少儿艺术团的小演员们

您的人生，我慢慢地越来越爱您，也尊重您。

您是一个科学家，要在整个世界上传扬和平。您告诉我，您是个无神论者，完全没有阻碍我爱您，我更加为您祷告：有一天赵部长也成为耶稣的信徒，我们就可以做兄弟了。我将越来越多地看到中国将要发生这样的事情：很多聪明的年轻人越来越多地研究《圣经》，对基督教有兴趣。对我来说，1949年的新中国，其实洗净了中国大地上很多群众的思想。这是我个人对中国过去50多年历史的解释。

赵：您的很多话是值得赞扬的。的确，1949年新中国的诞生，洗涤了社会的污浊，也洗净了人们的心灵，但是这个洗净不是一天能完成的，是个长期的过程。

由于中国人找到了一条适合自己的发展模式和道路，人们的精神焕发了，更加勤勉了，中国今天一天的生产量，相当于那时候一个月的生产量。这里固然有科学技术进步的原因，但还有另外一个原因，就是人们的思想解放了。

您刚才提到基督教的某些精神使我对基督教有了进一步的了解。您认为有人利用宗教、打着宗教的旗号的原因是贪心和邪恶，我非常赞同。利用宗教、打着宗教的旗号不能和宗教混为一谈，比如邪教，实质上不是宗教，是邪恶的组织，可惜的是，这些东西蒙蔽了一些不知情的人，他们被邪教的组织者利用了。

帕：我有两件事情要说。一、全世界只有中国人对现在的生活状态最满意。我们从报道中发现，有76%的中国人对现在的物质生活、经济条件和科学进步都很满意，而且对未来充满了希望。二、中国的信教人口差不多有1亿。听到这个报道我们十分兴奋，特别是在美国和英国，有很大的反响。大概20年前，即我来大陆之前，我在香港举办大型活动，那时，我在大体育场向很多人说，中国将来会成为一个世界强国。

在我的公文包里有一首歌叫做《我爱中国》。去年，我在北京访问的时候看见一个青少年歌唱队，他们由每个省的一个孩子代表组合而成。他们合唱这首《我爱中国》时，旁边的大屏幕上一直播放着各个省的图片。翻译的英文打在屏幕上，我一直看着，我像婴孩那样流泪了。告诉您这件事，我的眼泪险些又要流下来。我的母亲知道许多关于中国的事情，她教导我要爱中国。小的时候我在家里常常为中国祷告。当我们真正看到中国的发展时，我们实在觉得奇妙。作为一个基督徒，我当然希望，如果能够把发展建立在耶稣基督的道理上就更好了。

赵：您爱中国，希望中国发展，希望中国人幸福，让我很感动！中国的发展是中国特色社会主义理论的伟大实践，是建立在本国文化传统之上的，很难想像中国的发展可以建立在外来文化之上。

纽约时代广场

芝加哥街头一景

美国华盛顿，圣诞节来临，人们忙着为亲友
邮寄贺卡和礼物

《魂断蓝桥》的电影海报

您刚才说无神论者也可以成为很好的朋友，我也有同感。昨天我们一起唱《友谊地久天长》①的时候，我就有这种感觉。这首歌原是苏格兰的民歌，在中国也很有名。因为美国人拍了一部叫做《魂断蓝桥》②的电影，把它作为主题歌，所以传到了中国。

就刚才您的话和我的话，是不是可以得出这样的结论：有神和无神的区别不妨碍我们之间的和谐，有神论和无神论共同的目标是促进地球的和谐。彼此的了解、经常的沟通是极为必要的，并且是有效的。我们反对贪婪，反对自私，反对懒惰，我们也反对邪恶和战争。

---

　　① 在东方明珠电视塔正门，一个由20多名女子组成的小乐队为欢迎帕罗的到来，吹响了欢迎的乐曲。帕罗高兴地指挥了乐队。参观电视塔和历史博物馆后，临别时，帕罗与乐队一同唱起了《友谊地久天长》。

　　② 英文原名为 Waterloo Bridge。

2005年11月16日，帕罗在上海东方明珠电视塔前
指挥迎接他的小乐队

帕：是的。

赵：在古代，宗教战争屡有发生。您说明了不是世界上所有的战争都是宗教的原因，根本的原因是人的贪心和邪恶，我更希望宗教和教派发挥阻止战争的作用，而不要被战争贩子、军国主义者利用。刚才您说希特勒不信教，我们也知道，他不但是战争狂人，还是一个极端的反犹主义者，他是利用了当时某些宗教的偏见，为其政治野心服务。

帕：您讲的很多地方和我有共通之处，但是我的梦想是：

有一天每一个中国人都能在心里通过耶稣在上帝那里找到平安。因为我们每个人都会死亡，而惟有耶稣基督向世上的每一个能够忏悔并相信基督的人完全保证他可以有永恒的生命。耶稣不是要求我们每一个人都必须完美才能得到永生，他赐给我们的是赦免，还有将来的永生。我特别喜爱《圣经》中《约翰福音》那一节：上帝的儿子来这个世界，不是要审判这个世界，而是要让世界得到救赎。

赵：我也有一个梦，我希望全世界的各种宗教信徒和不信教者之间的交流成为现代文化的一个重要实践。中国和美国都是伟大的国家，美国是最大的发达国家，中国是最大的发展中国家，所以，我特别希望美国人民和中国人民的交往，更要高效率、积极地进行。用一句IT技术的话，我们之间应该有多个友好的"界面"（interface）。

中美的对话是全面的，不仅是国务院的对话，也包括宗教的对话，以及宗教和非宗教的对话。有人说，智慧越多，烦恼越多（For in much wisdom is much vexation）。其实不一定，我看您非常智慧，但您是个乐观主义者。

帕：我想到如何对待朋友的问题。朋友之间应该以诚相待。但有时，朋友间因为彼此诚实相待，反而可能会伤害到对方，但这对促进朋友的关系是有好处的。我常常想起《圣经》中的所罗门王。您昨天曾经提到《圣经》中的《箴言》，其实是所罗门王写的。今天早上，我又想起所罗门王讲的另外一句话，这是世界上最有智慧的人曾经说过的一句话：被朋友伤害比被敌人亲吻更珍贵。"伤口"可能很痛，但是过了一阵子就会痊愈了，这是一个好思想。

赵：中国也有句人人都知道的格言：良药苦口利于病，忠言逆耳利于行。这句话和您的话很相似。我曾提到，孔夫子说，六十而耳顺。所谓"耳顺"，就是能接受和懂得尖锐的话，是一种修养，也是一种成熟。

帕：那么，人应该到什么年龄才成为耶稣的门徒呢？是不是越年轻越好呢？

赵：年幼的时候相信耶稣，往往是受家庭的影响。中国多数家庭不是基督教家庭，年轻人主要受到家庭教育、学校教育和社会教育的影响。

欧洲人、美国人都问过我，中国到底要建设成什么样的社会？我们要建设一个中国特色的社会主义社会，要建立一个和谐的社会，这已经成为国策。而和谐的社会当然要包括宗教内部的和宗教之间的，以及宗教社会和非宗教社会之间的和谐。中国各宗教在社会发展中都起着促进和谐的作用。

帕：我对中国可能有一个小小的贡献，就是促进美国和中国之间友好和谐的关系。有机会的话，也希望鼓励中国年轻的基督信徒，彼此好好相爱，互相尊重，促进和谐的社会。

赵：中美关系对中美两国都非常重要，所以您的贡献不是小小的，而是很大的。不仅对您，也对和您一起的、对中美关系有贡献的朋友们，我们都表示敬意。

帕：我五月份访问北京后，在电视演讲中告诉美国人，我在北京真正看见了文雅的、开放的基督教书店，但没有人相信我。面对一些无知的美国人，我说，在你们的想像中，现在的中国还需要外国人把《圣经》偷运进来。我告诉他们，我在南京时看见爱德基金会每天都在印刷《圣经》，而且由一个新西兰人指导印刷。这位新西兰人给我一张中国地图，指给我看，说在中国的每个地方都有他们的分发点和分发中心。我问过负责的经理："你们印刷的《圣经》怎样向全中国分发呢？"他说："通过中国邮政。"

赵：多数美国人对中国的了解，不如中国人对美国的了解多。纽约的芭蕾舞团在几年前来到北京，在订房间的时候，他们提出一定要有洗手间的那种，不要没有洗手间的房间。华盛顿的一个广播电台的总裁，在几年前到北京，别人告诉他，在北京有时吃饭有困难，他就带了很多面包和饼干。

帕：可能是由于中国的变化太快了，到了美国人没办法跟上的程度。冷战时期的记忆还深深留在美国人心中。

赵：我问过基辛格博士，我说，我觉得美国对中国的认识误区有两个：第一是认为中国和前苏联的对外政策是一样的。第二，中国经济发达之后会和美国发生严重的经济摩擦和竞争，

江 边 对 话

古老与现代和谐共处的北京

就像20世纪70年代日本和美国间发生的经济摩擦和竞争那样。您怎么看呢？

帕：我相信经济上的竞争是必然会出现的。中国的人口是美国的四倍。如果美国人受教育的水平不能一直维持优势的话，中国人迟早会超过美国人。历史告诉我们，任何一个国家在享受富足的时候，都会越来越被动，而且他们希望就那样保持以前富裕的光景就可以了。那就是吃老本，丢失了现在和未来。历史就好像是个循环，当国家越来越富足的时候，同时也很可能在道德方面变得腐败。这会带来不好的结果。

至于第一个误解，即中国与前苏联一样，我认为那是一个最大的误解。您同意吗？

赵：基辛格博士说：美国人是现实主义者，把经济的矛盾和经济上的竞争看得重，而在政治上把中国看成前苏联的人是较少的。你们俩的看法是一致的。基辛格不能当总统，因为是

发型化妆大赛上的模特

云南大理洋人街

北京国际市民体育文化
大联欢在居庸关举行

广州青年的时尚穿着

北京后海胡同游

北京街头一景。背景是"和谐社会"的宣传画

中国邻里节——人们互送盆栽问候

在德国出生的。您是在美国出生的，还是在阿根廷出生的？您会从政吗？

帕：谢谢。我在阿根廷出生，所以没有可能当总统了。

赵：但我知道您可以影响总统。中国和前苏联有很大的不同，任何理论到中国都有一个中国化的过程，必须适合中国的国情。中国实行的市场经济，必然是适合中国背景的那种市场经济。中国的市场经济和美国的、欧洲的不同，即使是欧洲，英国、德国和法国也不同。在亚洲，东亚各国和日本也不同。我们经常听到很多关于市场经济的建议，我们会采纳适合今天中国情况的建议。

中国各地的发展规划有很大差别。所以，中国某地区的成功经验不一定适合中国的另一个地区。就世界而言，不仅没有一个普世的市场经济学，更没有一个普世的政治制度。

帕：这是一个需要讨论的很大的课题。所罗门曾经说，要写书是没完没了的。所以我们必须为我们的知识给出一个界限。

赵：您写了多少本书？

帕：48 本吧。请问您出版了多少本书呢？

赵：我的书很少。在中国，一个公务员很少有时间写书。这本书①是今年 5 月出版的，其中收录了我的 20 篇演说和 40 篇与外国人的对话，几个月来印刷了 5 次。出版社认为很好，希望在今年年底再出第二本②。

帕：您这本书似乎是谈论世界文化方面的，不同文化的交流和了解。

赵：正是如此。也包括与德国、法国、英国、美国、韩国、日本等国家的媒体或者政治家的对话。还有一些对话没有发表。我们第一次的对话，出版社准备放在第二本书上。您意下

---

① 指新世界出版社出版的《向世界说明中国——赵启正演讲谈话录》一书，截止到 2006 年 8 月，已连续印行 8 次。

② 指新世界出版社 2006 年 1 月出版的《向世界说明中国——赵启正的沟通艺术》一书，其中收录了赵启正与帕罗第一次对话的内容。截止到 2006 年 8 月，此书已连续印行 4 次。

《向世界说明中国——赵启正演讲谈话录》新书
推广活动

如何？

　　帕：如果将来能放在第二本书中，我觉得很荣幸。

　　赵：这个对话曾经在一个杂志上发表过。读者说您是极富
智慧和友好的人，当然您的光彩，我同样也享受了。

　　帕：您很有诗意，像诗人一样。

圣诞节来临时北京街头狂欢的人们

赵：我觉得您是哲学家，我对哲学家比对诗人更有兴趣。诗人有激情，不一定讲究逻辑。清华大学有一位传播学的教授，他说，读了我们的第一次对话，竟至一时失语，觉得对话好得不能再作评价。

帕：我们好像有一种纠缠不清的爱：我们都同样地爱中国，现在中国又爱我了。

赵：昨天，是喜欢，今天，就是爱了。昨天在东方明珠电视塔正门的乐队前，我们一起唱歌的时候，我就有一种十分亲切的感觉。实际上在座的人，我们俩年纪最大，他们是年轻的。年轻人更容易动感情，但年长者有更丰富的抚今追昔的感情。

帕：还有一件事。我们这个对话的英文版出版后，我如能邀请您到美国来，我一定会安排主要的传媒，包括《华盛顿邮报》和《纽约时报》。因为您和我们交流时，您代表中国的想法，您的话很真诚，明白无误，很有说服力，对我们美中两国开展互敬的对话益处很大。

赵：我们还要感谢最初的引见人——中国国际友好联络会①的诸位先生，我们几方面协作十分成功。中国人说，"不能过河拆桥"。

帕：是啊，我们谈了两天。

赵：如果有时间，我们也许能更展开地谈上 20 天。

---

① 中国国际友好联络会（简称友联会）是在中华人民共和国民政部正式登记注册的民间对外友好团体，成立于 1984 年 12 月。其宗旨为"推动国际民间友好交流与合作、促进世界和平与发展"。

附录 重要名词汉英对照表

基督教三一广播公司	TBN
美国基督教广播网	CBN
布道	evangelize
关于宗教的哲学	philosophy of religion
终极关切	ultimate concern
智慧设计	Intelligent Design
宇宙大爆炸	Big Bang
粒子流	particle stream
量子	quantum
波粒二象性	the duality of particle and wave
宗教比较	comparative religion
终极感	a sense of destiny
宗教性	religiosity
和谐社会	harmonious society
一神论	monotheism
神正论	theodicy
洗礼	baptism
玛雅文化	the Maya Civilization
三星堆文化	the Sanxingdui Culture
宗教的哲学	religious philosophy
神学家	theologian
有神论者	theist
无神论者	atheist
神迹	reveal
原子	atom
中子	neutron
铀	uranium
原子核	nucleus
死海古卷	the Dead Sea Scrolls
黄金律	Golden Rule
哭墙	Wailing Wall
反犹主义者	anti-Semitist
界面	interface
爱德基金会	the Amity Foundation
中国国际友好联络会	CAIFC

图书在版编目（CIP）数据

　　江边对话／赵启正，（美）帕罗著. －北京：新世界
出版社，2006.9
　　ISBN　7-80228-139-3

　　Ⅰ.江… Ⅱ.① 赵… ②帕… Ⅲ.①哲学－文集
②宗教－文集　Ⅳ.① B0-53 ② B91-53

　　中国版本图书馆 CIP 数据核字（2006）第 096972 号

江边对话

作者：（中）赵启正　（美）帕罗
责任编辑：钟振奋
装帧设计：贺玉婷
图片提供：CFP 等单位
责任印制：黄厚清
出版发行：新世界出版社
社址：北京市西城区百万庄大街 24 号（100037）
总编室电话：+86 10 6899 5424　　　6832 6679（传真）
发行部电话：+86 10 6899 5968　　　6899 8705（传真）
本社中文网址：http://www.nwp.cn
本社英文网址：http://www.newworld-press.com
本社电子信箱：nwpcn@public.bta.net.cn
版权部电子信箱：frank@nwp.com.cn
版权部电话：+86 10 6899 6306
印刷：北京外文印刷厂
经销：新华书店
开本：787 × 1092　　1/16
字数：40 千　　印张：9.75
版次：2006 年 9 月第 1 版　2008 年 8 月北京第 4 次印刷
书号：ISBN 7-80228-139-3/B·003
定价：38.00 元